KB092511

MY
JOB
나의 직업

어쩌면 당신의 시선

CONTENTS

Part One

History

01 배와 해군 ⋯ 13

02 대한민국 해군의 역사 ⋯ 35

Part Two

Who & What

01 해군의 특징 ⋯ 45

02 해군 업무 살펴보기 ⋯ 65

03 군함의 이모저모 ⋯ 89

Part Three

Get a Job

01 해군 장교 … 115

02 해군 부사관 … 139

03 해군 병사 … 149

Part Four

Reference

01 해병대 … 157

02 항공모함 … 163

Part One

History

인간과 물은 서로 떨어질 수 없는 긴밀한 관계를 맺고 있다.
물은 우리 몸의 70% 이상을 구성하는 중요한 요소로서, 인간은
물 없이는 살아갈 수 없으며, 이런 점은 다른 생명체들도
마찬가지다. 이처럼 우리 생활에서 중요한 물을 오늘날에는 언제
어디에서든 편하게 구할 수 있다. 수도시설이 잘 갖추어져 있기
때문에 수도꼭지만 틀면 바로 원하는 물을 구할 수 있기도 하고,
상점에서 손쉽게 구매할 수 있기도 하다. 그러나 인간이 막
문명을 개척해가던 시기에는 지금처럼 간편하게 물을 구할 수
없었다.

고대 인류가 물을 얻을 수 있는 방법이라곤 하늘에서 내리는
빗물을 받아 저장하거나, 가까운 물가에서 물을 길어오는

것뿐이었다. 환경이 이러하다 보니 사람들은 기왕이면 쉽게 물을
구할 수 있도록 개울이나 강가 등 물가에 주로 터를 잡고
살아갔다. 최초로 문명이 시작됐다고 하는 4대 문명 발상지가
인더스 강, 티그리스 강, 황하 강, 나일 강으로 모두 강 유역인
것은 바로 이런 이유에서이다.

　인류가 배를 만들었던 것도 이러한 환경에서 비롯됐다고
추측되고 있다. 누가 어떻게 배를 발명하게 됐는지에 대한 자료는
아직까지 정확히 밝혀진 바가 없다. 다만 늘 물과 가까이
살아가다 보니 자연스럽게 물에 뜨는 무엇인가를 발견하게 됐고,
그것을 응용해 사람이나 동물 등을 태우고 물 위를 떠다니는
'배'를 만들게 되었으리라 추측할 뿐이다.

고대

고대 인류가 만든 초창기의 배들은 갈대처럼 질기고 물에 잘 뜨는 풀을 엮거나, 통나무 가운데를 파내어 사람이 들어갈 구멍을 낸 뒤 물에 띄우는 등의 단순한 구조였다. 이러한 원시적인 형태의 배들은 만들기도 쉽고 하천의 폭이 좁은 곳에서도 유연하게 움직일 수 있기에 지금까지도 아프리카 일대 및 세계 각지에서 많이 쓰이고 있다. 특히 나일 강을 젖줄로 문명을 이룩했던 이집트 사람들은 종이 대용으로 널리 알려진 파피루스라는 풀을 이용해 갈대배를 만들어 사용했다. 그 밖에도 대나무 등을 엮어 작은 뗏목을 만들기도 했으며, 노를 저을 때는 손으로 직접 물살을 가르다가 이후 나무로 된 노를 사용하기 시작했다.

그러나 이런 원시적인 형태의 배들은 물살이 센 곳이나 넓은 바다를 항해하기에는 부족한 면이 많았다. 게다가 크기도 작아 여러 사람이 타거나 많은 물건을 옮기기 어렵기도 했다. 문명과 기술이 발달할수록 사람들은 더욱 편리한 것을 추구하게 되었고, 배 역시 마찬가지였다. 사람들은 더욱 튼튼하고 커다란 배를 만들려고 여러 가지 시도를 했다.

이후로 만들어진 배들 중 가장 많이 쓰인 재료는 나무였다. 나무는 적당한 내구성과 물에 잘 뜨는 성질로 오랫동안 배의 재료로 사랑받아왔다. 사람들은 나무로 뼈대를 만든 뒤 그 위에 나무를 덧대어 입혀 더욱 튼튼하고 크기가 큰 조립선을 만들었다. 이 무렵에는 갑판이나 기타 배의 구조물 등도 조금씩 들어서는 등 다양한 형태를 갖춘 배들이 등장했다.

이렇게 만들어진 배는 사람들에게 아주 유용한 운송수단으로 사용됐다. 당시로서는 마차와 같은 지상 운송수단도 미흡했을 뿐더러, 잘 닦인 길도 별로 없었다. 반면 지상 구석구석까지 뻗어 있던 물줄기들은 특별한 관리 없이도 이용할 수 있는 좋은 길이 되어 주었다. 따라서 튼튼한 배를 잘 만들어서 물길로 다니기만 하면 똑같은 짐이라도 육지에서보다 빠르고 편하게 옮길 수 있게 되었다. 게다가 지상으로는 갈 수 없는 곳까지도 거뜬히 다닐 수 있다 보니 당시로서는 활용도가 높은 좋은 운송수단이었다. 이런 이유로 나무로 만들어진 배들은 연구와 개발을 거듭하며 계속해서 발전해 나갔다.

앞서 이야기한 이집트는 일찍부터 나일 강을 끼고 활동하던 국가였던 터라 다양한 형태의 배들을 많이 만들었다. 그들은 지중해 연안 지방까지 활발하게 무역 활동을 벌이기도 했으며, 이때부터 이미 군선을 따로 만들어 해상 전투를 했다는 기록이 남아 있기도 하다. 그러나 이집트의 배는 지리적 여건상 긴 나무를 구하기가 어려워 작은 나무판을 오밀조밀하게 연결하여 만들었는데, 이런 배들은 나일 강이나 인근 해안까지는 유용하게 쓰였지만 보다 먼 바다를 항해하기에는 적합하지 않았다. 이 밖에도 이집트는 국가 사정이나 주위 환경 등 여러 가지 이유로 활발한 해상 활동을 벌이지는 못한 것으로 추측되고 있다. 이들을 대신하여 본격적으로 배를 타고 바다로 진출했던 민족은 페니키아인들이라고 알려져 있다. 페니키아인은 지중해 동쪽, 지금의 시리아와 레바논 인근 해안 지역에서 활동했던 사람들을 이르는 말이다. 초기에는 이집트의 지배를 받았으나 기원전 14~12세기 무렵 이집트가 주위 민족들과 전쟁을 벌이는 사이 이집트의 영향에서 벗어나 독자적으로 성장할 수 있었다.

사람들이 배를 만들고 이동을 할 때부터 해군이 따로 있었던 것은 아니다. 이때에는 해군이라는 개념보다는 상선을 지키는 사설경찰이나 군인으로서 해군이 존재했다. 배의 크기가 커지고, 배를 이용해 물자를 옮기는 활동이 활발해지면서 이런 상선들을 공격하여 물자를 훔쳐가는 해적들이 나타나기 시작했다. 상인들은 해적에게서 물자를 지키려고 스스로 무장을 하고 해적에 맞서 싸우기도 했고, 큰 배를 움직여야 할 때는 무장을 한 군인들을 태워 배를 지키도록 했다. 바로 이러한 활동이 해군의 시초라고 볼 수 있다.

▲ 갤리선의 일종인 고대 그리스의 트라이림(노가 3단인 갤리선)을 복제한 배의 모습.
갤리선은 노를 주로 쓰고 돛을 보조적으로 사용하는 배를 말한다.

특히 앞서 이야기한 페니키아인들은 뛰어난 항해 기술과 조선 기술로 일찍부터 다양한 배를 이용해 지중해를 누비며 해상 교역과 식민지 정복 등 활발한 활동을 펼쳤다. 이 과정에서 몸집이 크고 많은 물자를 실을 수 있는 상선과 상선을 보호하고 해상 전투를 할 수 있는 전투용 배를 따로 구분했다고 한다. 이들은 지중해를 개척하여 아프리카 인근과 동인도까지 영향력을 미쳤고, 발길이 닿는 지역마다 무역 활동과 더불어 문화를 전파했다. 이때 이들의 뛰어난 조선 기술 역시 함께 전해졌다. 페니키아의 군선들은 노를 써서 움직였기에 가급적 노를 많이 달면서도 빠른 속도로 치고 나갈 수 있도록 몸뚱이가 길고 좁은 형태로 만들어졌다. 또한 공기의 저항을 줄이면서 노잡이들의 힘을 효과적으로 활용하도록 선체도 비교적 낮게 만들어졌다.

이런 모양의 군선들은 이후 널리 쓰였던 함선인 갤리선의 모태가 되기도 했다.

페니키아인의 조선술을 전해 받은 사람들은 더욱 튼튼하고 발전된 형태의 배들을 만들어갔다. 그리스 시대에는 좀 더 커다란 배들이 만들어졌다. 이들은 노를 젓되 네모난 돛을 달아 항해를 보조하는 갤리선을 주로 사용했는데, 속도도 빠르고 기동성도 좋았다. 노를 젓는 사람이 많을수록 좋다고 생각해서 여러 명의 노예들을 배에 태워 노를 젓게 했다. 이때부터는 상선과 군함이 보다 뚜렷하게 구분되었으며, 노를 젓는 방식 또한 다양하게 개발됐다. 그리스와 페르시아 사이에서 벌어진 유명한 해전인 살라미스 해전에서는 3단으로 노를 저을 수 있는 함선이 등장하기도 했다.

이후로 세워진 로마 제국은 지중해 대부분을 장악하며 활발한 활동을 펼쳤다. 그들은 넓은

영토 곳곳에 원활히 물자를 수송하기 위해 많은 배들을 만들어
지중해를 누볐다. 로마의 갤리선은 그리스 시대보다 더욱
발전하여 10단 이상 단을 높였다는 기록이 있기도 하다. 그들은
폭이 좁은 강을 거슬러 올 수 있도록 작고 날렵하게 만든 상선과
큰 바다만 전문적으로 오가며 대량으로 화물을 실어 나르는 대형
화물선을 동시에 활용했다.

　그러나 이러한 상선 사용과는 달리 군선은 그리 잘 활용되지
못했다. 로마가 갑옷과 방패로 무장한 보병 중심의 군사력을 가진
나라였기 때문이다. 로마 병사들의 해전은 적선에 배를 바짝 갖다
붙이거나 적선을 들이받은 뒤 사다리를 걸쳐 적선으로 넘어가
육지와 동일하게 육탄전을 벌이며 칼부림을 하는 것이었다.
하지만 무거운 갑옷을 입고 무기를 든 채 적선으로 넘어가는 것은
그 자체로 수월한 일이 아니었고, 싸움을 벌인다 해도 육지와
다른 환경 때문에 효율적인 승리를 거두지도 못했다. 여기에
지중해의 변덕스러운 날씨로 배가 뒤집히는 일이
비일비재했으며, 항해 장비도 미흡하던 때라 갑작스러운 변화에
잘 대처하기도 어려운 상황이었다.

　또한 당시 로마 제국은 지중해를 거의 장악하다시피 했기
때문에 다른 국가와 해전을 벌여야 할 일이 없기도 했다. 로마
제국의 골칫거리는 적국의 배가 아니라 상선을 약탈하는
해적들이었다. 따라서 로마 해군도 해적에게서 상선을
방어하거나 간혹 해적 소탕을 목적으로 움직이는 것이 전부였다.

중세

중세 시대에 바다와 배를 이용해 가장 활발한 활동을 벌였던 것은 노르만족이다. 로마가 멸망한 뒤 유럽의 해상 활동은 주춤했고, 해상보다는 내륙 정세에 더욱 치중하며 국가들이 운영됐다. 반면 북유럽에서 내려온 노르만족은 날렵한 바이킹선을 앞세워 지중해를 거쳐 아랍에 이르기까지 활발한 활동을 펼쳤다.

노르만족은 본래 덴마크, 노르웨이 등 스칸디나비아 반도 인근에 기반을 둔 민족으로, 8세기 말부터 11세기 초에 이르기까지 활발한 활동을 벌였다. 바이킹(Viking)이라고도 불리는 이들은 자신들의 근거지였던 한랭하고 메마른 땅에서의 생존이 어려워지자 남쪽으로 이동하기 시작했다. 뛰어난 조선술과 항해술을 바탕으로 한 날쌘 움직임으로 지중해 연안국들을 침략했다. 아일랜드와 스코틀랜드를 비롯하여 잉글랜드 절반 이상이 바이킹의 지배 영역이었으며, 프랑스와 스페인 및 러시아 일부에 이르기까지 정복 활동을 펼쳤다.

바이킹의 배는 원래 노만 사용하여 움직이는 방식이었으나, 진출 영역이 확장되어 보다 넓은 바다를 항해하게 됨에 따라 노와 돛을 함께 사용하는 방식으로 바뀌었다. 이들의 배는 날렵하고 가벼워서 기동성이 좋다는 특징이 있다. 재빠르게 노를 저어 강을 거스를 수도 있었고, 가볍기 때문에 필요에 따라 사람이 직접 배를 들고 옮기는 것도 가능했다. 이러한 장점을 활용하여 그들은 해안뿐 아니라 내륙에까지 폭넓게 진출할 수 있었고, 활발한 활동을 펼칠 수 있었다. 바이킹이 야만적인 침략을 일삼은 것은 사실이지만, 한편으로는 각종 물자를 싣고 다니며 여러 나라와 교역을 하기도 했으며, 자신들의 문화를 전파하기도 했다. 그 활동 영역이 워낙 넓었기 때문에 최근에는 동방 이슬람 국가와 교역을 했던 흔적이 발견되기도 했다.

갤리선은 로마가 멸망한 뒤 사라지는 듯했으나 이내 다시 모습을 드러냈다. 특히 갤리선을 잘 활용했던 나라는

▲ 전형적인 바이킹선인 고크스타호의 모형. 바이킹선은 노르만족이 만든 배로,
　초창기 노만 사용하는 방식에서 노와 돛을 함께 사용하는 방식으로 바뀌었다.

베네치아이다. 그들은 로마가 무너진 뒤 신흥 해양 강국으로
두각을 드러냈다. 베네치아에서 만든 갤리선은 이전 갤리선을
조금 변형한 형태로 갈리아스선이라고도 한다. 배의 길이가 길고
폭이 넓었으며, 노잡이들의 자리가 갑판 아래 있었다. 이들은 이
배에 원거리 공격을 할 수 있는 무기와 병사들을 태워 군선으로
유용하게 활용했다.

　이 무렵의 배들은 바이킹선과 같이 북방에서 온 배들과 갤리선
등 남방 유럽에서 쓰인 배들로 나누어 볼 수 있다. 혹은 몸뚱이가
길고 노를 사용하여 움직이는 롱십(Long ship)과 폭이 넓고 돛을
사용하며 배의 앞뒤가 둥근 라운드십(Round ship)으로
구분하기도 한다.

　그러나 갤리선은 순풍을 받았을 때는 수월하게 앞으로 나아갈
수 있지만, 반대로 역풍을 맞게 되면 배를 움직일 힘이 없어
바람에 밀려 거꾸로 돌아갈 수 있다는 단점이 있었다. 물론
갤리선에는 돛 말고도 따로 노를 저을 수 있었지만, 밀려오는
바람의 힘을 거스를 만큼의 힘을 내기는 어려웠다.

　여기에 노를 젓는 것은 매우 힘든 노동이었기 때문에 아무리

힘이 세고 튼튼한 사람이 달라붙어 노를 젓는다 한들 몇 시간
정도면 체력이 소진되어 쉬어야 했다. 그러다 보니 노꾼들의
체력에 따라 배가 나아가는 속도가 달라지기도 했다.

배를 빨리 나아가게 하기 위해 많은 노꾼들을 배에 태우는 것도
문제가 됐다. 배가 견딜 수 있는 무게에는 한계가 있기에, 사람을
많이 태우면 그만큼 짐을 줄여야 했기 때문이다. 특히 오랫동안
장거리를 항해해야 하는 상선들은 한 번에 최대한 많은 물건을
싣는 쪽이 이득이었기에 곤란한 점이 많았다.

바람의 방향이 일정하지 않은 지중해 인근에서는 이런 경우가
특히나 많았기에 사람들은 역풍을 받아도 자유롭게 나아갈 수
있는 배를 만들려고 노력했다. 그 결과 나온 것이 삼각돛인데,
사각돛 만큼 힘을 받아 나아갈 수는 없지만 역풍을 받더라도 배를
지그재그로 움직이며 나아갈 수 있다는 점에서 유용하게 쓰였다.
이런 단점을 보완하고자 이후 삼각돛과 사각돛을 함께 쓰는
복합형 배가 만들어졌으며, 범선으로 발전했다.

노꾼(노잡이)

TV나 영화 등 여러 가지 매체를 통해 누구나 한 번쯤은 고대 갤리선의 모습을 본 적이 있을 것이다. 커다란 목선이 거친 파도를 헤치며 앞으로 나아가고 있고, 배 양옆에 줄지어 달린 노들은 한 치의 오차 없이 규칙적으로 물살을 가른다. 배 안에서는 웃통을 훤히 드러낸 노예들이 줄지어 앉아 박자에 맞춰 힘겹게 노를 젓고 있다. 갤리선이라고 하면 아마 대개는 이런 장면을 떠올릴 것이다.

물론 실제로도 갤리선은 노를 젓는 힘으로 배를 움직이게 하기에 배에 달린 노의 수만큼 많은 노잡이들이 배에 함께 타야 했다. 그러나 처음부터 우리가 떠올리는 모습처럼 노예들이 노를 젓는 방식을 사용해 배를 움직였던 것은 아니다.

조금 전 연상한 방법을 돌이켜 보면 노를 젓는 배의 모습을 돌이켜 보면 대들보처럼 커다란 노 하나를 놓고 여러 명의 노예들이 일렬로 늘어앉아 다같이 노를 움직이는 형태인 것을 알 수 있다. 이 방식이 발명되기 전까지 대부분의 갤리선들은 작은 노 하나에 사람 한명이 달라붙어 직접 노를 젓는 방식으로 배를 움직였다. 그러나 여러 개의 노로 배를 저을 때에는 각 노들이 한 사람이 조종하는 것처럼 일정하고 규칙적으로 움직여야 배가 원하는 방향으로 잘 나아갈 수 있다. 그렇기에 노잡이는 기본적으로 노를 잘 저어 배를 원하는 방향으로 끌어갈 수 있으면서, 노가 꼬이지 않도록 다른 사람과 호흡을 잘 맞출 수 있는 실력이 있어야 했다. 특히 여러 개의 노를 써야 하는 큰 배일수록 노련하고 기술이 좋은 노잡이가 필요했고, 숙련된 노잡이는 일종의 전문직으로 지금의 비행기 조종사만큼이나 귀하게 여겨졌다. 상황이 이렇다 보니 노잡이는 아무나 할 수 있는 일이 아니었으며, 주로 일반 자유민들을 모집하여 일을 시켰다.

그러나 시간이 지나면서 사람들은 큰 배를 좀 더 효율적으로 움직일 수 있는 방법들을 고민하게 된다. 이때 나온 것이 서너 명의 사람들이 달라붙어 커다란 노 하나를 젓게 하는 방식이었다. 이것은 노의 수를 줄이면서도 보다 큰 힘을 낼 수 있어서 매우 효과적이었다. 또한 여러 명이 노를 젓다 보니 한 명이 실수를 하더라도 남은 사람들이 노를 잘 움직여주어 보다 규칙적으로 노를 통제할 수도 있었다.

그러다 보니 굳이 숙련된 기술자를 쓰지 않아도 배를 잘 움직일 수 있었고, 이때부터는 기술자들 대신 노예들을 데려다 노를 젓게 하기 시작했다. 그러나 무식하게 노만 젓는다고 배가 원하는 곳으로 잘 나아가는 것은 아니기에 소수의 기술자들이 함께 탑승하여 노예와 함께 노를 젓기도 했으며, 이후에는 잘 훈련된 노예를 이런 방식으로 이용하기도 했다.

근대

15세기부터는 범선의 시대였다. 범선은 배에 돛을 달아 바람의
힘으로 움직이게 하는 배를 말한다. 앞서 이야기한 갤리선도 돛을
이용하기는 하지만 노와 함께 사용되었고, 돛은 노를 보조하는
역할을 할 뿐 배를 움직이는 주된 동력 수단은 아니었다. 반면
범선은 노를 젓지 않아도 오로지 돛의 힘만으로 배를 움직일 수
있게끔 발전한 형태였으며, 갤리선과 달리 역풍을 맞더라도
원하는 방향으로 배를 자유롭게 움직일 수 있었다.

콜럼버스가 신대륙을 발견할 무렵에는 여기저기에서 새로운
항로를 개척하던 시기였다. 서양의 항해 무대는 지중해에서
대서양으로 바뀌었고, 범선을 이용하는 대항해 시대가 열렸다.
과거에도 반도나 섬 등 바다와 인접한 나라들이 배를 잘 활용했던
것처럼 이 시기에는 에스파냐, 네덜란드, 영국 등의 나라들이
주로 활약했다. 이들은 무역과 상업을 발전시켰으나, 잘 만들어진
배와 화약 무기를 앞세워 여러 나라를 침략해 식민지로 만들기도
했다.

또한 이 무렵에는 대포로 무장한 배의 등장으로 해상 전투
방식에도 변화가 일었다. 거기에 오랜 항해 경험을 통한 항해
기술의 발달로 보다 전문적인 형태의 군함들이 등장하게 됐다.
배의 목적에 따라 둔중하지만 파괴력 있는 공격력을 갖춘 군함과
날쌘 움직임으로 민첩한 공격력을 갖춘 배를 따로 나누어 전투를
하기도 했다.

배의 크기도 점점 커져서 600~800명의 사람들을 태울 수 있는
거대한 배들도 만들어졌다. 배에서 노잡이가 없어진 만큼 더 많은
사람과 물자를 태울 수 있었지만 인원을 아주 획기적으로 줄일 수
있었던 것은 아니었다. 배를 원하는 방향으로 잘 나아가게 하면서
바람의 힘을 효과적으로 이용하려면 크기와 형태별로 다양한
돛을 달아야 했다. 그러다 보니 상황에 따라 돛을 조정할 인력이
필요했다. 또 배에 대포를 장착하게 됨에 따라 포를 조작할
포병들도 태워야 했다. 때에 따라서는 오히려 기존 갤리선의

▲ 출항하고 있는 증기선

노잡이들보다 많은 사람을 태워야 하는 경우도 있었다. 그러나 사람의 힘에 비할 수 없는 강력한 바람의 힘과 오랜 시간에 걸쳐 발전을 거듭한 조선술로 더욱 크고 더욱 많은 사람들을 태울 수 있는 배들이 만들어졌다. 17세기 무렵에는 800명이 넘는 인원이 탈 수 있는 대형 함선이 등장하기도 했다.

18세기 무렵 시작된 산업혁명은 모든 것을 바꿔 놓았다. 증기 기관은 스스로 움직이면서 지치지 않는 동력을 만들어내는 혁신적인 발명이었다. 더 이상 사람이나 동물, 혹은 자연의 힘을 빌리지 않고도 많은 기계들을 움직일 수 있게 되자, 증기 기관을 이용해 공산품을 만들어내는 제조 기계부터 자동차에 이르기까지 다양한 발명품들이 쏟아져 나왔다. 오늘날 우리 생활을 편리하게 만들어주는 많은 물건과 도구들은 대개 이 무렵에 나온 발명품에 기반한 것들이 많다.

배 역시 마찬가지였다. 증기 기관의 발명으로 강철로 만든 증기선이 등장하게 되었다. 기존의 배들은 항해할 때 바람의 영향을 많이 받을 수밖에 없었다. 방향이나 속력을 조정하는 것 모두 바람에 의해 좌우됐다. 또한 물에 잘 뜨는 나무로

▲ 강철판으로 둘러싼 배로, 미국 남북전쟁 당시 출전한 '시티'급 장갑함 카이로

만들어졌기에 내구력이 떨어졌다. 반면 강철로 만든 증기선은
튼튼한 것은 말할 것도 없고, 석탄만 있으면 언제든 동력을
만들어낼 수 있기에 보다 편리하고 빠르게 이용이 가능했다.
따라서 사람들은 너나 할 것 없이 증기선을 만들어 사용하기
시작했다.

이와 더불어 해상전의 양상도 바뀌었다. 무기 제조술이
발전하면서 기존에 탄알을 포신(대포의 몸통) 앞쪽으로 넣는
전장식 대포에서 탄알을 포신 뒤쪽으로 넣는 후장식 대포로
바뀌었다. 이 무렵에는 대포의 성능도 많이 개선되어서 더욱
강력하고 파괴력 있는 대포들이 만들어지고 사용됐다.

이후 19세기 중엽 크림전쟁과 남북전쟁을 겪으면서 대포에서
배를 지키고자 배에 장갑을 두르는 장갑함이 만들어지기도 했다.
이에 따라 배를 따라 일렬로 대포를 늘어놓는 방식에서 포를 배
가운데 몰아넣고 나머지 부분에는 철제 장갑을 둘러 배를
보호하는 방식의 배가 만들어지기도 했다. 혹은 커다란 강철 탑을
만들어 탑 속에 대포를 넣는 방식으로 배를 보호하기도 했다.

이후 군함의 장갑들은 더욱 두꺼워졌고, 커다란 함정과 함포로

중무장하면 해전에서 이길 수 있다는 거함거포주의 사상이
시작되었다. 이 시기에는 대포를 비롯한 무기들이 더욱 발전하게
된다. 강철로 된 배들이 만들어지기 시작하면서 물자를 싣고
다니는 상업선과 적군을 격침시키는 데 쓰이는 군함들은
외양에서부터 더욱 차이가 두드러지기 시작했다.

　특히 군함의 경우 강철로 온몸을 두른 적군의 배를 물리치려면
더욱 위력이 센 함포를 써야 했다. 여기에 함포의 사정거리가
멀수록 유리했기 때문에 강력하면서도 멀리 탄알을 날려 보낼 수
있도록 포의 구경도 커졌다. 포의 구경이 커지니 포의 크기도
따라서 커질 수밖에 없었고, 이런 대포를 여러 대 실어야 하는
군함의 몸집은 점점 더 불어났다.

　당시에는 해상을 장악하는 것이 국가 경쟁력의 상징과도
같았다. 때문에 서구 국가들은 강력한 해군력을 확보하기 위해
너도나도 군비 경쟁에 뛰어들었다. 당시 서구권에서 가장 강력한
해군력을 보유한 나라는 영국이었다. 영국은 강력한 함대를
앞세워 세계 곳곳을 점령해나갔고, 그 결과 '해가 지지 않는
나라'라는 별칭을 얻기도 했다. 실제로 영국 해군의 문화와
전통은 세계 각지로 전파되어 오늘날 해군 문화와 전통을 이루는
데 많은 영향을 끼쳤다.

드레드노트

드레드노트(Dreadnought)란 영국에서 만든 거대 군함으로, 보조대
포를 없애고 구경이 동일한 주력 거포를 여러 개 배에 장착하여 일제히
같은 위력으로 포탄을 발사할 수 있도록 만들어진 배이다. 당시의 어떤
해군함보다도 거대했으며 크기만큼이나 강한 위력을 발휘했다.

현재 해군 함정들은 어떤 군함을 기준으로 새로운 군함을 만들 때 원래
기준으로 한 함정과 같은 급이라는 의미로 '～급 전함'이라는 표현을
하곤 한다. 이것은 드레드노트의 출현 이후 나타난 현상으로, 드레드
노트와 비슷한 종류의 군함들에 '드레드노트급'이라는 표현을 하면서
부터이다.

거대하고 강력한 군함을 만든 자부심은 드레드노트의 이름에서도 나
타나는데, '두려움이 없다'는 의미를 담고 있다. 이후 영국에서는 드레
드노트라는 이름이 대대로 이어 오며 다양한 군함들에 붙여 사용하고
있다. 1963년 영국에서 최초로 만들어진 원자력 잠수함 또한 '드레드
노트'라는 이름이 붙었다.

* 사진 속 전함은 제1차 세계대전에 쓰인 영국의 드레드노트로, 거포를
장착한 거대전함이다.

현대

20세기 초 1 · 2차 세계대전이 벌어지면서부터 해전의 양상은 더욱 바뀌었다. 이때 군함들은 집채만 한 몸집에 강철로 된 갑옷과 강력한 함포를 두른 괴물과 같았다. 그러나 이 무렵 절대로 쓰러지지 않을 것 같던 거대 군함들이 맥을 못 추고 쓰러지게 만드는 또 다른 강력한 해상 병기가 등장했다. 바로 잠수함이었다.

잠수함은 바다 밑에서 모습을 감추고 은밀히 다니며 함정에 치명적인 공격을 가할 수 있었다. 아무리 튼튼하게 무장한 함대라 한들 잠수함의 먹잇감이 되면 속수무책으로 침몰할 수밖에 없었다. 특히 독일의 유보트 함대는 영국 해역의 상선들을 남김없이 침몰시킴으로써 섬나라인 영국의 물자를 끊기게 하여 큰 위기에 빠뜨리기도 했다. 그러나 유보트 함대가 무차별적인 공격을 퍼붓던 중 미국 상선을 공격하게 되어 버렸고, 이것을 계기로 미국이 전쟁에 참가하게 되면서 전쟁의 양상이 바뀌기도 했다.

전쟁 이후로는 물 위에서 강력한 공격을 퍼붓는 것뿐 아니라 물속으로 다니는 잠수함을 정밀하게 감지해 선제공격을 퍼붓거나 잠수함의 공격을 차단하는 전술과 장비가 발달하게 됐다.

또한 이 무렵에는 비행기가 막 발명되던 시기이기도 했다. 1차 세계대전 무렵 사람들은 프로펠러 비행기에 포탄을 싣고 적진으로 날아가 떨어뜨리는 공격을 하곤 했는데, 이때 비행기를 배에 실은 뒤 적 함대로 날려 보내 공격하는 전술을 시도하기도 했다. 이러한 방식은 오늘날 항공모함의 시초라고 볼 수도 있다. 이후로는 비행기와 군함이 더욱 발달함에 따라 전투기가 충분히 이륙할 수 있을 만큼 길고 거대한 군함에 여러 대의 전투기를 실어 바다를 항해하는 항공모함이 사용되고 있다. 미국의 경우 항공모함과 항공모함을 호위하는 함대들이 각 바다를 항해하며 맡은 영역을 지키기도 한다. 또한 군함의 기능과 성능도 더욱 발달하여 무조건 거대하기보다는 적당한 크기에 다양한 역할을 수행할 수 있도록 발전했다.

배수량

배수량은 배의 크기를 나타낼 때 흔히 쓰이는 단위로 톤 단위로 측정이 되기 때문에 배수톤수라고도 한다. 일반 배보다는 군함의 크기를 나타낼 때 주로 쓰인다.

오래 전 고대 학자 아르키메데스는 물이 가득 찬 욕조에 들어갔다가, 자신의 몸무게만큼 욕조에서 물이 빠져나간다는 것을 깨닫고 '유레카'를 외친 적이 있다. 배수량은 이 원리를 이용한 단위로, 물 위에 배가 잠겨 있을 때 배의 무게만큼 밀려나간 물의 무게를 나타내는 단위이다. 즉 배 자체의 무게와 같다고 볼 수 있다. 바다나 강은 욕조처럼 작은 공간이 아니기 때문에 아르키메데스의 욕조처럼 물이 밖으로 빠져나가는 것이 아니라 옆이나 뒤로 밀려나게 된다. 큰 배일수록 많은 물이 밀려나기 때문에 배수량이 많으며, 작은 배는 그만큼 물이 적게 밀려나기 때문에 배수톤수도 적다.

화물선은 물건을 실은 만큼 배수량이 늘어나기 때문에 보통 만재배수량이라고 하여 물건을 가득 실었을 때 측정되는 배수량을 기준으로 하기도 한다. 배 아래쪽에는 대개 눈금이 그려져 있는데 이 눈금을 기준으로 얼마만큼 물에 잠겼는가에 따라 배수량을 계산하며, 눈금의 끝까지 물이 차올랐으면 만재배수량까지 배가 잠긴 것이다.

물론 만재배수량을 넘도록 물건이나 사람을 싣게 되면 당연히 배는 가라앉는다. 그러나 최근의 배들은 모두 증기나 디젤 등 강력한 동력기관의 힘으로 움직이기 때문에 배가 도저히 못 견딜 만큼의 무게가 추가되지 않고서는 쉽게 가라앉지는 않는다. 그러나 견딜 수 있는 양 이상의 무게가 추가된 만큼 배가 힘을 더 써야 해서 속력이 느려지고, 무게중심을 잃고 쉽게 기우뚱댈 수 있어서 작은 침수로도 배가 뒤집어지거나 가라앉을 수 있다. 군함들은 각국의 조약이나 상황에 따라 배수량을 재는 기준이 조금씩 달라지기도 한다.

또한 잠수함의 경우 물속에 완전히 잠긴 뒤에 움직이는 배들이기에 배수량을 재는 단위가 조금 다르다. 잠수함을 재는 기준은 수중 배수량이라고 하며 일반 수상 배수량과는 다른 방식으로 측정하기도 한다.

근대 이전의 수군(水軍)

해군이란 말 그대로 바다의 군대다. 다시 말해, 그 나라의 속한 바다를 지키는 군대다. 적이 전쟁을 할 마음을 먹지 않도록 하고(전쟁 억제), 국민과 군대가 바다를 언제든지 사용할 수 있도록 보장하고(해양 통제), 배가 운항하는 바닷길을 안전하게 지키는(해상교통로 보호) 역할을 한다. 그렇다면 우리 바다를 지키는 대한민국 해군은 언제 생겨났을까?

과거에는 해군을 '수군'이라 불렀다. 3면이 바다로 둘러싸인 우리나라는 일찍부터 수군이 발달했다. 남아 있는 기록에 따르면, 우리나라가

바다에서 군사 활동을 본격적으로 펼친 것은 삼국시대다. 고구려는 광개토대왕 때 한반도 남부에 진출하면서 서해(황해)를 통제했고, 백제는 근초고왕 이후 바닷길을 통해 중국, 일본과 교류하는 것은 물론, 중국 대륙 중앙부를 횡단하는 양자강(揚子江) 하구에 백제군을 설치했다. 수군을 활용해 탐라(제주)를 정복한 것도 이때다. 신라에서도 수군의 흔적을 발견할 수 있다. 서기 660년 당나라의 장군 소정방(蘇定方)이 10만 여명에 달하는 해군을 거느리고 백제를 침공할 때, 신라가 전쟁에

필요한 장비를 갖춘 배인 병선 100척을 거느리고 도왔다는 기록이 있다. 또 통일신라 시기에는 선박과 관련된 일을 맡아보는 선부(船府)라는 관청이 존재했다. 이렇듯 우리나라 수군은 이미 삼국시대부터 체계적인 조직을 가지고 영토 확장은 물론 다른 나라와의 교류를 하며 나라의 힘을 키우는 데 큰 역할을 맡았다.

당시 수군하면 빼놓을 수 없는 인물이 있다. 바로 장보고다. '해상왕'이라 불리는 장보고는 우리 수군의 기상을 드높인 인물이다. 통일신라 시대 사람인 장보고는 810년 완도에 청해진(淸海鎭)을 설치한 뒤, 이곳을 수군 기지로 삼았다. 우리 수군은 당나라 해적을 소탕하고 신라 중심의 해상무역을 번창시켰다. 이에 장보고는 명실공히 해상왕으로 등극했으며, 우리 수군은 남해와 황해를 장악해, 지배력을 과시했다.

한편, 수군이 독립적인 군대로 자리매김한 것은 조선시대에 들어와서다. 그 이전까지 수군은 육군을 보조하는 역할에 머물렀다. 고려시대 말 왜구의 빈번한 침입으로 해양 주권이 흔들렸고, 이후 조선은 수군을 재정비하기 시작했다. 태종 이후 수군의 규모는 한 때 5만 명에 육박할 정도로 성장하기도 했다. 그러나 내용면에서는 그리 탄탄하지는 않았다. 당시 수군은 천민을 제외한 16~60세의 건장한 남성으로 이루어져 있었으며, 이들은 의무적으로 군대에서 복무해야 했다. 하지만 상대적으로 매우 부유했던 수군들은 군역에서 제외되는 천민이나 죄인 등을 돈으로 사서 자신의 군역을 대신하게 했다. 이러한 현상이 날로 극심해지자 조선은 수군에 대해 명예직을 수여하는 등 여러 혜택을 주었지만, 천민이 수군으로 유입되는 것을 막을 수는 없었다.

하지만 이렇게 천대받던 수군이 다시 그 기상과 위엄을 뻗친 시기도 있었다. 비록 한국사에서는 뼈아픈 역사 중 하나이지만 이 사건을 계기로 수군은 하나의 독립된 군대로서 그 역할을 담당하며 조선 땅을 지켜냈다. 바로 '임진왜란'이다.

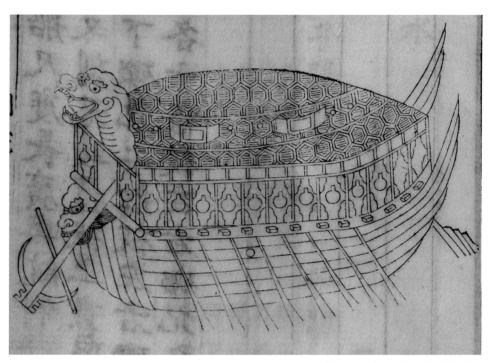

▲ 18세기 목판인쇄물에 그려진 거북선

　　이순신 장군이 이끄는 수군은 연전연승을 거두며 조선이
전란의 위기를 극복하는 데 결정적인 역할을 했다. 임진왜란은
흔히 이순신 장군이라는 한 영웅의 뛰어난 리더십으로 설명하는
경우가 많으나, 이순신 장군이 이끈 당시의 수군은 적의
해상교통로를 차단하고, 일본 함대를 15차례에 걸쳐 격파하며
나라를 구한 조선 최고의 군대였다. 수군은 고려 말부터
지속적으로 개량해온 대형 화포를 활용해 일본군을
무너뜨렸으며, 뛰어난 전투선(船)과 화약의 힘으로 탄알을 쏘는
무기로 승리를 이끌었다. 이순신 장군이 이끄는 조선 수군은 단
1척의 배도, 단 1명의 병사도 잃지 않은 완벽한 승리를 거둔 적이
있었는데, 이는 임진왜란 당시 수군의 첫 번째 승리인
옥포해전이다.

　　이후 조선 수군은 경상도, 충청도, 전라도 등 3도의 수군을
통합하여 통제영(統制營)을 설치하고, 3도 수군을 지휘하는
수군통제사의 지시를 받는 연합함대를 출범시켰다. 이러한 수군
제도는 조선 후기까지 존속하며, 조선의 앞바다를 지키는 역할을
하였다.

근대 이후의 해군

현대 대한민국 해군이 탄생한 것은 우리나라가 광복을 맞이한
1945년이다. 현대 해군의 출현을 좀 더 자세하게 살펴보자.

훗날 국방부 장관과 초대 해군참모총장을 지내는 손원일은
해군을 창립할 뜻을 품고 몇몇 사람들과 함께 1945년 8월
해사대(海事隊)를 결성했다. 일제강점기 일본 해군은 조선인의
입대를 받지 않았으며, 받더라도 해군 육전대나 육상근무만
시켰다. 따라서 조선인으로서 해군 함정에서 근무한 경력이 있는
사람은 거의 없었다. 이에 손원일과 같이 여객선이나 화물선 등의
상선에서 근무하던 사람들이 해군을 창설하는 주축 세력이 됐다.
해사대는 해군 양성을 위해 해양기술교육과 군사훈련 등을
실시한 해군 관련 사설단체였다.

해사대는 서울 안국동 안동예배당에 사무소를 설치하고 대원
30여 명을 모집해 해군 교육을 실시했으나, 사설단체라는 한계로
인해 재정 상황이 넉넉지 못했다. 해사대는 대원들의 식사나 옷
등 기본적인 문제조차 해결할 수 없는 어려운 상황에 처하게
되자, 해사보국단(海事報國團)과 통합해 해사협회(海事協會)로
탈바꿈했다. 이후 해사협회는 미군정 당국의 협조를 얻어 1945년
11월 11일 이미 모집된 70명의 인원으로 대한민국 해군의 모체인
해방병단(海防兵團)을 창설했다. 이날이 바로 해군창설일이다.

이후 해방병단은 국방사령부에 편입돼 정식 군사단체로
승인받았지만, 해사대와 마찬가지로 심각한 재정난과 식량난을
겪으며 단원이 한 때 37명으로 감소하기도 했다. 하지만
해방병단은 해군병학교를 창설한 것은 물론 공작부, 법무관실,
군악대 등을 설치하고, 조선해안경비대로서 한국 연안의 경비,
밀수방지, 조난선 구조 등의 역할을 담당했다.

해방병단은 1946년 진해를 중심으로 해상경비를 시작했다.
당시 해방병단은 흩어진 소형 배를 모으고 일본 해군 부대가
사용하던 진해 요항부 수리공장 시설을 활용해 함정을 건조하고
수리할 수 있는 조함창(造艦廠)을 만들었다. 이곳에서 100톤급

보트 1척과 증기선 2척을 고쳐 취항시켰고, 일본군이 건조하다 태평양전쟁으로 중단했던 배를 조함창 기술진들의 자체기술로 완성했다. 이 배가 바로 충무공정이다. 충무공정은 이후 해군에 인수되며 충무공함으로 격상됐다. 충무공함은 배수량이 1천 톤이 채 되지 않는 작은 크기인데다 애초 함포가 탑재되어 있지 않았다. 소총이 유일한 무장이었다. 하지만 해군 1호 함정이었기 때문에 작은 배를 뜻하는 '정(艇)'이 아닌 군함을 뜻하는 '함(艦)'으로 격상시킨 것이다. 이후 해방병단은 대한민국을 지키기 위한 경비태세를 갖추었으며, 1948년 대한민국 해군으로 법제화됐다.

이렇듯 1945년부터 1948년까지 4년에 걸쳐 창립과 통합 등을 반복하며 현재와 같은 대한민국 해군으로서 그 틀을 잡았다. 한편, 해군본부를 대표하는 직위인 해군참모총장의 호칭은 해방병단 단장, 해안경비대 총사령관을 거쳐 해군 총참모장으로 불리다가 1954년 5월 대통령령에 따라 해군참모총장으로 확정됐다. 1949년 해군장병 380명이 모여 해병대를 창설하기도 했다.

한편, 해군은 미국으로부터 38도선 이남 해역 경비업무를 인수받아 한국 해역 경비를 담당했지만, 우리나라에는 무장을 갖추고 실전에 참여할 수 있는 군함이 없었다. 앞에서 설명했듯 충무공함은 그 크기와 내용면에서 군함에 미치지 못했다. 이에 해군장병들은 모금운동을 벌이며 기금 마련을 위해 폐품을 모았으며, 이들의 부인들은 삯바느질로 얻은 수입을 기금에 보탰다. 4개월만에 6만 달러를 모아 대한민국 최초의 전투함인 600톤급 '백두산함'을 구입했다.

하지만 한국전쟁 당시까지도 대한민국 해군의 병력과 물자는 북한에 비해 현저히 열세였다. 함정은 전투함과 소해정 28척, 수송선 등 기타 43척에 불과했다. 이에 반해 북한은 어뢰정만 30척에 달했다. 장비가 빈약해 북한의 군사력과 비교할 수 없는

▲ 대한민국 최초의 전투함, 백두산함. 해군 장병과 국민의 성금을 모아 미국으로부터 구입했다.

상태였다. 그럼에도 대한민국 해군은 옥계해전과 대한해협
해전에서 승리하고 인천상륙작전을 계기로 한반도 전 해역의
제해권을 완전히 장악하며 적극적인 공세를 펼쳤다. 한편 창설된
지 불과 1년 만에 한국전쟁을 맞은 해병대는 진동리 지구 전투와
통영상륙작전에서 승리를 거두며 '귀신 잡는 해병대'라는 애칭을
얻기도 하였다. 하지만 한때 해병대사령부가 해체되고 해군에
통합되어 해군본부의 해병참모부로 편성되며 존폐의 기로에
놓이기도 했지만, 1987년 11월 재창설됨으로써 각각 고유한
업무와 기능을 전문적으로 확보하게 되었다.

대한민국 해군은 1960년대 들어 본격적으로 발전하기
시작했다. 전력증강에 힘쓰며 구잠함과 소해정이 주축을 이루던
함정시대를 탈피하고, 경비함 · 고속경비함시대를 거쳐 대망의
구축함시대의 장을 연 것이다. 최초로 구축함(DD 91 충무)을 미
해군으로부터 도입하기도 했으며, 우리 스스로의 힘으로
국산고속정시대를 개막하여 항만방어능력을 보강하면서
해군력을 성장시켰다. 또한 1965년부터 1973년까지 베트남 전쟁
기간 중에는 수송부대인 백구부대와 해병전투부대인 청룡부대를

파병하였으며, 한국군이 독자적인 지휘권 하에서 작전에 임했다.

대한민국 해군의 역량은 시간이 갈수록 더욱 강해졌으며, 전력 역시 높아져갔다. 국산 전투함 건조를 시작으로, 대잠초계 항공기, 함재 헬기를 보유하게 되었을 뿐만 아니라 함대함 미사일 발사 성공 등 대한민국 해군 자력으로 다른 나라의 해상도발에 적극적으로 대응할 수 있는 전력을 보유할 수 있게 된 것이다. 1981년에는 국산 호위함을 취역시킴으로써 먼 바다에서의 작전도 수행할 수 있는 기반을 마련했다. 그 옛날 한반도의 바다 위에서 위용을 떨치던 우리 수군의 모습이 현대에 재현되기 시작한 것이다.

대한민국 해군은 임진왜란 이후 나라의 운명과 함께 그 힘을 잃어가다 광복 이후 부단한 노력과 조직 개편, 집중적인 투자를 통해 성장을 이뤄왔다. 다른 나라의 오래된 함정과 보잘 것 없는 몇 척의 소형함정으로 시작된 대한민국 해군은 국산전투함과 국산고속정 등 뛰어난 기술력과 현대화된 전투력으로 막강한 해군력을 갖추게 되었다. 현재 대한민국 해군의 병력은 해병대 2만9000여 명을 포함해 총 7만여 명에 달하며, 전력은 수상함 150여척, 잠수함 10여 척, 항공기 70여 대, 상륙돌격장갑차와 전차 등 4종 400여 대를 보유하는 등 전 세계 10위권의 해군으로 자리매김했다. 또한 2008년 한미연합사령부 예하에 연합해병구성군사령부(Combined Marine Component Command)가 창설되며, 유사시 주도적 전투를 수행하는 등 대양해군의 모습을 갖춰가고 있다.

이렇듯 해군은 대한민국의 영역 및 국가이익에 영향을 미치는 해역에 대하여 해상통제권을 장악하고, 해양 주권 및 권익을 보호하고 있다. 또한 해상작전 및 상륙작전 수행, 해양 통제와 군사력 투사, 해상교통로 보호를 통해 오늘도 대한민국의 영해를 지키고 있다.

Part Two

Who & What

육군vs공군vs해군

　모든 군대는 전쟁이나 혹은 비슷한 위기 상황이 벌어졌을 때 국가와 국민을 지키는 일을 한다. 각 군대는 맡은 영역에 따라 크게 육군, 공군, 해군으로 나누어지는데, 이름처럼 육군은 지상에서, 공군은 하늘에서, 해군은 바다에서 각자 나라와 국민을 지키기 위해 힘쓴다. 이때 저마다 활동 영역에 따라 중심 활동이 다르며, 훈련 방식이나 업무 내용 또한 달라진다.

　예를 들면 육군은 지상에서 전투를 하기 때문에 지상 전투에서 가장 유리하고 효과적으로 싸울 수 있도록 전술을 짜며, 훈련도 이에 맞춰 진행한다. 또한 지상 전투는 기지가 무너지더라도 다른 곳으로 몸을 잘 피해 새 거점을 만들기만 하면 다시 전력을 갖춰 싸울 수 있다. 그렇기에 육군은 평상시에는 몸담은 기지에서 맡은

바 역할을 수행하면서도 언제든 신속하게 거점을 옮겨 다시
원활한 전투를 할 수 있게끔 유동적으로 움직이는 훈련을 많이
하는 편이다. 각 병력이 움직일 때는 사단을 중심으로 구분하고
움직이게 된다.

반면 공군은 일당백의 역할을 하는 전투기들이 제때 출격할 수
있도록 하는 것이 가장 중요하다. 일단 전투기가 하늘에 떠야
작전을 수행할 수 있기 때문이다. 또한 여러 대의 항공기들의
거점인 비행단을 중심으로 움직이며, 이 비행단이 제 기능을
못하면 큰 손실을 입게 된다. 그렇기에 공군에서는 항공기들이
원활하게 뜨고 내릴 수 있도록 비행단을 잘 유지하며, 혹시 모를
공격으로부터 비행단을 안전하게 지킬 수 있도록 하는 훈련을
하고 있다.

마지막으로 해군의 경우에는 바다에서 전투를 하는 군대이기
때문에 함정들이 주 전력이며, 이 함정들을 모아 둔 전대를
중심으로 움직인다. 전대별로 소속된 함정이나 인원이 다르지만
대개 커다란 군함 한 척에는 평균 100명 이상의 승조원이 탑승할
정도로 규모가 크다. 각 군함들은 각기 독립된 부대와 같으며,
이러한 군함들이 모인 해군 전대 하나가 움직이는 것은 크고 작은
기지 하나가 움직이는 것과 같다. 그렇기에 해군은 각 전대와
전대에 소속된 군함들이 해상에서 맡고 있는 임무를 잘 완수할 수
있도록 승조원들이 일사분란하게 맡은 바 역할을 수행하는
훈련을 주로 하고 있다.

해상작전과 더불어 해군이 중요하게 여기는 것이 하나 더

© travelarium.ph

있으니, 바로 상륙작전이다. 흔히 해군은 바다를 지키는 군대로, 군함이나 잠수함을 타고 바다에서 벌어지는 일에만 관여한다고 생각하기 쉽다. 물론 이 말은 일정 부분 맞는 말이기는 하다. 그러나 실제로는 바다를 지키는 것뿐 아니라 바다에서 육지로 상륙하는 일 역시 해군의 중요한 임무이다. 모든 군대가 지켜야 하는 영토는 아주 특별한 경우를 제외하고선 대부분 육지이기 때문이다. 그렇기에 아무리 바다를 잘 지킨다 한들 육지가 점령당해버리면 아무 소용이 없다. 또한 필요에 따라 적을 공격할 때 바다에서 육지로 공격을 해야 할 때도 있다. 이런 이유로 해군에서는 바다에서 함정이나 항공기로 상륙군 혹은 유도탄 등 지원할 수 있는 군사력을 투사하여 적 거점에 전진기지를 만들거나, 적군의 시설을 파괴하여 손실을 입히는 등의 목적으로 상륙작전을 실시하며 이를 대비하는 훈련 또한 함께하고 있다. 해군에서는 특수부대 및 해병대를 통해 이러한 상륙작전을 잘 완수할 수 있는 정예 부대원들을 양성하고 있다.

해군의 또 다른 특징으로는 강한 결속력과 단결력을 들 수 있다. 물론 이 점은 다른 군대도 마찬가지이긴 하나 근무 환경이 상대적으로 폐쇄적인 해군에서 더욱 도드라진다. 이유를 간단히 말해보자면 바다에서는 모두 함께 살거나 모두 함께 죽는 상황밖에 없기 때문이다.

육군은 지상전투가 주 임무이며, 공군은 조종사를 제외하면 대개 지상에서 임무를 수행한다. 그러나 해군은 군함 한 척이 출항할 때마다 백여 명에 달하는 승조원이 모두 바다로 나아간다.

도망칠 곳 하나 없는 망망대해에서 적의 공격으로 배가 침몰하게
되면 선장이고 요리사고 할 것 없이 다 함께 수장되는 수밖에
없다. 즉 계급이나 맡은 임무에 따라 누가 더 잘 살아남고 말고 할
것도 없이 공평하다. 때문에 각 승조원들은 군함을 자신의
목숨과도 같이 여기며, 함께 탄 이들을 하나의 운명공동체로
생각하는 경향이 있다. 또한 모두가 타고 있는 군함이 잘 움직여
주어야 전투에서도 승리하며 목숨도 보장되기 때문에 개인의
능력보다는 전체의 기동력을 중시하는 특징이 있기도 하다.

물론 과학기술이 발전하면서 다양한 신무기들이 개발됨에
따라 각 군의 전술들도 조금씩 달라지고 있다. 특히 전투기를
비롯하여 각종 원거리 무기들은 가공할 만한 발전을 이루었고,
멀리 떨어진 바다나 상공에서도 대륙 한복판을 공격할 수 있을
정도로 강력해졌다. 그렇기에 예전처럼 무작정 적진으로
돌격하기보다는 육해공군이 서로 협력하는 종합적인 방식으로
전술이 변화하고 있기는 하다. 그렇기에 이제는 더 이상 육군은
지상에서만, 공군은 하늘에서만, 해군은 바다에서만 활동하는
군대라는 식으로 명확하게 선을 긋기 어려워진 점이 있다. 그러나
기본적으로 각 군은 전문적으로 활동하는 영역을 기반으로 상호
협력하여 자국의 영토를 지킬 수 있도록 노력하고 있다. 해군
역시 바다를 주 활동 영역으로 하며, 바다와 연관된 각종 작전과
훈련을 통해 국가와 국민을 지킬 수 있도록 최선을 다하고 있다.

전쟁이 일어나면 규모가 크든 작든 간에 누군가는 아까운
목숨을 잃게 되며 삶의 터전 또한 잃게 된다. 그리고 국가 역시
피해를 입을 수밖에 없기 때문에, 될 수 있으면 전쟁이 일어나지
않도록 평화로운 상태를 잘 유지하는 것이 좋다. 그러나 그렇다고
해서 군대가 본연의 업무를 잊고 해이해져서 방심하게 되면
예상치 못한 공격에 큰 피해를 입을 수 있다. 그렇기에 군인은 늘
정신을 바짝 차리고 언제든지 적의 공격에 즉각 대응할 수 있도록
실력을 갈고닦아야 한다.

이를 위해 해군은 평상시에는 다양한 활동과 훈련을 펼쳐
강력한 군사력을 보여줌으로써 전쟁 도발을 사전에 억제할 수
있도록 하고 있다. 나아가 우리 해역을 지나는 배들이 안전하게
다닐 수 있도록 영해를 지키며, 해상 테러나 해적 행위 혹은 밀수
같은 범죄가 일어나지 않도록 감시하며, 해양오염 방지 활동 등도
함께하고 있다. 또한 국제 평화 유지를 위해 다른 나라와
함께하는 연합 작전에 참여하거나 해외를 순항하기도 한다.

해군의 훈련들

해군은 평상시에도 다양한 작전과 훈련을 실시하지만, 그중에서도 특히 사람들에게 많이 알려져 있거나 다른 나라와 함께 진행하는 굵직한 훈련들이 있다. 이를 소개하자면 다음과 같다.

*림팩(RIMPAC, 환태평양 연합 군사훈련)

환태평양이란 태평양을 둘러싸고 있는 인접 지대나 국가들을 아울러 이르는 말이다. 태평양이 워낙 넓고 큰 바다이다 보니 여기에 해당하는 나라들 역시 광범위하다. 림팩이란 이 환태평양에 해당하는 국가들이 2년마다 연합하여 실시하는 대규모 해상 군사훈련이다. 같은 바다를 공유하는 국가들끼리 유사시에 우왕좌왕하지 않고 신속하게 필요한 곳에서 움직일 수 있도록 사전에 연습하는 것이라 생각하면 된다.

미국 태평양함대 사령부에서 훈련을 주관하며 참가국은 우리나라, 일본, 중국, 미국, 호주, 캐나다, 영국, 뉴질랜드, 칠레 등 다양하다. 또한 프랑스나 러시아 등에서 훈련을 참관하러 오기도 한다.

훈련은 하와이 근처에서 이루어지며 가상의 적을 설정하여 함대 공격, 공중 공격, 유도탄 발사, 난민 지원 등 다양한 방면에서 종합적인 전술 훈련을 실시한다. 무인기나 폐기 예정인 함정 등 실재하는 연습용 목표물에 직접 포탄을 쏘아 맞춰볼 수도 있고, 참가국끼리 팀을 나누어 모의로 겨루어 보기도 하는 등 다채로운 경험을 해볼 수 있기에 각 참가국에도 여러모로 도움이 되는 훈련이다. 참가 병력은 도합 해군력은 군함 50척, 항공기 200여 대로 태평양 최대 규모의 합동훈련이라고 볼 수 있다.

우리나라 해군은 1990년 12회차 림팩 훈련에 참가한 것을 시작으로 매회 꾸준히 훈련에 참가하고 있으며, 특히 2010년 훈련부터는 이지스 구축함인 세종대왕함이 참가하여 뛰어난 실력을 자랑했다.

*코브라골드(Cobra Gold)

미국 태평양사령부와 태국 군사령부가 공동으로 주관하여 열리는 연합 훈련이다. 참가국은 한국, 일본, 싱가포르, 말레이시아 등이 있으며, 각종 상륙작전 및 정글 수색 등 다양한 종합 전술훈련을 실시한다.

*사렉스(SAREX, 한·일 수색 및 구조 훈련)

한국 해군과 일본 해상자위대가 양국의 외교적 교류를 위해 함께 실시하는 평화적 연합훈련이다. 군사훈련과 더불어 구조훈련, 봉사활동도 함께하고 있다.

해군은 어떤 복장을 할까?

일반적으로 군복은 눈에 잘 띄지 않는 색을 사용하거나 주위 환경과 비슷한 무늬를 넣어 적군에게 모습을 잘 들키지 않도록 디자인한다. 해군복 역시 주로 바다에서 활동하는 해군의 특성을 살려 바다와 비슷한 푸른색 계열을 많이 활용하는 편이다. 그러나 바다에서 전투를 할 때는 병사들이 각개전투를 벌이는 것이 아니라 한 군함을 움직이며 전투를 하는 것이 일반적이라, 군복을 고안할 때 보다 큰 관점에서 각 군인들이 함선 생활을 잘 할 수 있도록 신경을 쓴다.

이런 이유로 해군복에는 청색 계열도 많이 쓰이지만 흰색이나 검은색도 많이 활용된다. 흰색은 빛을 반사하는 성질이 있어 여름철 뜨거운 햇빛을 조금이라도 덜 받게 해주며, 반면 검은색은 빛을 흡수하는 성질이 있어서 햇빛이 적은 겨울철에 보다 많은 빛을 흡수할 수 있게 해주는 장점이 있기 때문이다. 즉, 흰색과 검은색 모두 각기 계절에 따라 체온 조절에 도움이 색이다. 다만 구조가 필요한 위급 상황에는 눈에 잘 뜨여야 하기 때문에 예외적으로 밝고 선명한 구명조끼를 착용한다.

해군복은 계절과 용도 등에 따라 근무복, 정복, 함상복 등 여러 가지가 있는데, 각각의 성격과 특징에 대해 보다 자세히 살펴보자.

〈근무복〉

평상시 해군들이 업무를 할 때 입는 옷이다. 사병은 청색 계열 상하의를, 장교나 부사관은 계절에 따라 검은색 혹은 밝은 갈색의 근무복을 입는다. 정식 명칭은 해상 전투복이다. 해군들 사이에서는 상의를 셈브레이, 하의를 당가리라고 하며, 둘을 합쳐 '셈당'이라고 줄여 부르기도 한다. 일반 사병은 청색, 장교와 부사관은 계절에 따라 겨울에는 검은색, 여름에는 밝은 갈색 근무복을 입는다.

▲ 수병의 근무복   ▲ 부사관의 근무복   ▲ 장교의 근무복

▲ 수병의 정복   ▲ 부사관의 정복   ▲ 부사관의 정복
　(하복)   　(남. 동복)   　(여. 동복)

▲ 장교의 정복   ▲ 장교의 정복
　(남. 동복)   　(여. 동복)

〈정복〉

　휴가를 나오거나 외부 행사가 있을 때 주로 착용하는 옷이다. 일반인들은 근무복을 입은 해군의 모습을 자주 볼 수 없기 때문에 오히려 정복을 더욱 친숙하게 여기기도 한다. 계절에 따라 여름 정복(하정복)과 겨울 정복(동정복)으로 나누어지며 각기 디자인과 색이 다르다. 여름 정복은 파도 거품을 연상시키는 순백색의 상하의이며, 겨울 정복은 단정하고 깔끔한 검은색 상하의이다. 여기에 함께 지급되는 코트를 입기도 하며, 함상에서 활동할 때 불편하지 않도록 길이가 짧게 만들어져 있다. 정복의 색은 사병부터 장교에 이르기까지 거의 같지만 디자인은 직급이나 역할에 따라 조금씩 달라진다. 특히 장교 정복과 부사관 정복은 디자인이 상당히 비슷한 편이지만, 자세히 살펴보면 계급을 구분할 수 있다. 장교는 겨울에는 소맷자락에 금선을 두른 수장이 달리며, 여름에는 어깨에 금선을 두른 견장을 함께 착용한다. 부사관은 금선 대신 오른쪽 가슴 위쪽에 계급장을 붙여 신분을 나타낸다. 반면 해군 수병의 정복은 해군의 상징과도 같은 세일러복이어서 장교, 부사관 정복과 명확하게 구분된다.

〈UDT / SEAL 복〉

　해군특수전전단이 입는 옷이다. 2014년부터 전투복 디자인이 바뀌어 일반 군복에 비해 디자인과 색이 조금씩 다르다. 특수부대의 특성상 전투복 외에도 맡고 있는 임무에 따라 다양한 옷을 입는 편이다.

▲ 해군의 다양한 복제. 왼쪽부터 순서대로 항공조종복, 고속정복, 전투복.

〈함상복〉

　배에 탑승하여 일을 할 때 작업을 수월하게 할 수 있도록
만들어진 옷이다. 잠수함복, 고속정복 등 탑승하는 배에 따라
종류가 나누어진다. 특히 고속정복은 크기가 작고 비좁은 고속정
안에서 원활하게 움직일 수 있도록 만들어져 있다. 상의와 하의가
하나로 붙어 있으며, 지퍼로 여닫아 한 번에 빠르게 착용할 수
있고, 다림질을 하지 않아도 되어 간편하게 관리할 수 있다.

〈항공조종복〉

　해군 항공기 조종사가 입는 옷이다. 초기에는 조종사가 바다에
떨어졌을 때 금세 발견하여 구할 수 있도록 선명한
주황색이었으나, 규정이 바뀜에 따라 공군 조종사와 비슷한
카키색으로 바뀌었다. 이 내용은 해군의 사정에 따라 또다시
변경될 수 있다.

〈기타 복제〉

　헌병이나 의장대 등 특별한 임무를 맡고 있는 해군들의
의복들은 일반 해군복과 디자인이 또 다르다. 특히 대외행사가
많은 의장대는 의상도 일반 해군복보다 화려하고 장식이 많은
편이다.

〈모자와 신발〉

　일반 병사들은 해군의 상징과도 같은 흰색 수병 정모를 주로 착용한다. 여기에 배에서 생활할 때는 야구모자와 비슷한 검은색 캡모자를 쓰기도 한다.

　반면 간부들은 병사와 달리 동그랗고 가운데가 도톰하게 솟아오른 개리슨모 혹은 각이 잡힌 정모를 착용한다. 개리슨모는 여름과 겨울에 따라 색깔이 다르며, 근무복과 짝을 지어 착용한다. 그러나 의장대나 군악대와 같이 대외 활동이 많은 사병들은 간부 정모와 비슷하게 생긴 별도의 수병 정모를 착용하기도 한다. 이때에는 간부 정모와 구분되도록 모양이 조금 다르게 만들어져 있다.

　해군은 다른 군대와 달리 짧고 검은 단화를 착용한다. 일반 군화는 발목까지 올라오며 발을 꽉 조이기 때문에 쉽게 벗겨지지 않는다는 특징이 있다. 이런 점은 지상에서 활동할 때는 신속하고 빠르게 움직일 수 있도록 도와주지만, 반대로 물에 빠졌을 때는 잘 벗겨지지 않아 움직임이 곤란해진다는 단점이 있다. 그렇기에 해군에서는 군화 대신 단화를 착용하게 하여 유사시에 빠르게 신발을 벗을 수 있도록 하고 있다. 이와 더불어 선체가 비좁은 고속정에서는 옆에 지퍼가 나 있는 고속정단화를 신어 더욱 쉽게 신발을 신고 벗게 하기도 한다. 또한 해군 함정들은 바닷물과 기름 등이 뒤섞여 바닥이 미끄러울 때가 많다. 이런 점을 보완하고자 함정 근무를 할 때는 단화 대신 운동화를 신고 근무를 하게 하여 미끄러짐을 방지하기도 한다.

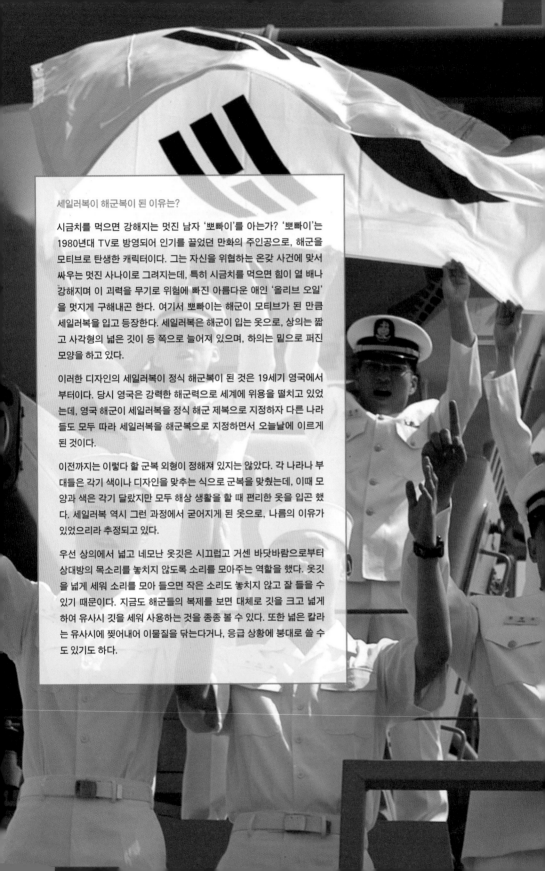

세일러복이 해군복이 된 이유는?

시금치를 먹으면 강해지는 멋진 남자 '뽀빠이'를 아는가? '뽀빠이'는 1980년대 TV로 방영되어 인기를 끌었던 만화의 주인공으로, 해군을 모티브로 탄생한 캐릭터이다. 그는 자신을 위협하는 온갖 사건에 맞서 싸우는 멋진 사나이로 그려지는데, 특히 시금치를 먹으면 힘이 열 배나 강해지며 이 괴력을 무기로 위험에 빠진 아름다운 애인 '올리브 오일'을 멋지게 구해내곤 한다. 여기서 뽀빠이는 해군이 모티브가 된 만큼 세일러복을 입고 등장한다. 세일러복은 해군이 입는 옷으로, 상의는 짧고 사각형의 넓은 깃이 등 쪽으로 늘어져 있으며, 하의는 밑으로 퍼진 모양을 하고 있다.

이러한 디자인의 세일러복이 정식 해군복이 된 것은 19세기 영국에서 부터이다. 당시 영국은 강력한 해군력으로 세계에 위용을 떨치고 있었는데, 영국 해군이 세일러복을 정식 해군 제복으로 지정하자 다른 나라들도 모두 따라 세일러복을 해군복으로 지정하면서 오늘날에 이르게 된 것이다.

이전까지는 이렇다 할 군복 외형이 정해져 있지는 않았다. 각 나라나 부대들은 각기 색이나 디자인을 맞추는 식으로 군복을 맞췄는데, 이때 모양과 색은 각기 달랐지만 모두 해상 생활을 할 때 편리한 옷을 입곤 했다. 세일러복 역시 그런 과정에서 굳어지게 된 옷으로, 나름의 이유가 있었으리라 추정되고 있다.

우선 상의에서 넓고 네모난 옷깃은 시끄럽고 거센 바닷바람으로부터 상대방의 목소리를 놓치지 않도록 소리를 모아주는 역할을 했다. 옷깃을 넓게 세워 소리를 모아 들으면 작은 소리도 놓치지 않고 잘 들을 수 있기 때문이다. 지금도 해군들의 복제를 보면 대체로 깃을 크고 넓게 하여 유사시 깃을 세워 사용하는 것을 종종 볼 수 있다. 또한 넓은 칼라는 유사시에 찢어내어 이물질을 닦는다거나, 응급 상황에 붕대로 쓸 수도 있기도 하다.

다음으로 상의의 가슴 부분을 잘 살펴보면 단정하게 동여맨 네커치프가 달려 있는 것을 볼 수 있는데, 이는 얼핏 보기엔 단순한 장식 같지만 여러모로 쓸모가 많다. 선원이 물에 빠졌을 때 줄 대신 잡고 끌어올릴 수 있으며, 상어를 만났을 때는 몸을 크게 보이게 하거나 휘둘러 위협하는 용도로도 쓸 수 있다. 여기에 옷깃과 마찬가지로 땀이나 이물질을 닦는 손수건으로도 쓸 수 있어 물건을 구하기 힘든 해상에서 활용도가 높은 물건이다.

마지막으로 세일러복을 완성하는 통 넓은 바지, 일명 '나팔바지'로 불리는 해군복 하의의 디자인에도 나름의 이유가 있다. 바다에서 배를 타다 보면 배 안으로 물이 들어올 때가 있는데, 이렇게 흘러들어온 물을 치운다거나 소금기나 비린내 등을 없애기 위해서 해군은 갑판을 자주 청소해야 했다. 그러다 보니 바지가 자주 젖을 수밖에 없었는데, 이때 바지를 쉽게 걷어 올려 젖지 않도록 고안해낸 것이 바로 나팔바지이다.

이처럼 해군복은 주로 바다에서 생활하는 해군들이 유용하게 착용할 수 있도록 고안해낸 것이며, 해군복을 상징하는 세일러 칼라나 네커치프, 나팔바지는 지금까지도 해군 수병을 상징하는 디자인으로 많은 사람들에게 사랑을 받고 있다.

▲ 수병의 정복

해군의 계급장 '수장'

모든 군인들은 각기 정해진 계급이 있으며, 군복 위에 계급을
드러내는 계급장을 착용하도록 되어 있다. 이 계급장은 신체
부위에 따라 종류가 조금씩 다르며, 대개 눈에 잘 띄는 군복 상의
위쪽이나 군모 등에 달아 한눈에 계급을 확인할 수 있도록 하고
있다.

병사의 경우 상의 소매 어깨 부근에 계급장을 부착하거나,
약장이라고 하여 왼쪽 가슴 주머니에 계급장을 부착한다. 이때
계급을 표시하는 기호는 같지만 색을 다르게 하여 소속된 군대를
표시하고 있다. 육군은 검은색, 공군은 파란색, 해군은
노란색으로 병사 계급장의 색이 모두 다르다.

부사관과 장교의 경우는 색깔 구분 없이 각 군이 동일한 방식의
계급장을 공유하는데 어깨에 붙이는 견장 혹은 옷깃에 붙이는
계급장 등이 있다. 부착 방식이나 기타 계급장에 대한 규정들은
각 군대에 따라 혹은 개정되는 법 내용에 따라 조금씩 달라지기도
한다. 또한 입고 있는 옷에 따라서도 정복이냐 근무복이냐, 혹은
동복이냐 하복이냐에 따라 계급장이 부착되는 위치나 종류 혹은
방식 등이 달라지기도 한다.

해군은 여기에서 육군이나 공군과는 달리 독특한 계급장이
하나 더 있다. 이것은 '수장'이라고 하는 금색 선으로, 소맷자락에
금색 선을 둘러 이것의 두께와 개수로 계급을 드러내는 방식이다.

수장은 병사나 부사관이 아닌 장교들의 계급을 나타낼 때
사용되며, 소맷자락뿐 아니라 견장으로 사용되기도 한다. 검은색
겨울 정복을 입을 때는 소맷자락에 수장을 두르며, 위관급부터
장관급 장교에 이르기까지 모두 수장을 사용한다. 반면 흰색 여름
정복을 입을 때는 주로 반팔 소매를 입는데다 흰 바탕에 수장이
잘 드러나지 않기도 하기에 검은 바탕에 금선을 두른 견장을 달아
계급을 표시한다. 이때는 위관급 장교와 영관급 장교만이 금선이
달린 견장을 두르며, 장관급 장교는 그대로 은색 별이 새겨진
노란 견장을 착용한다.

금선은 계급이 올라갈 때마다 한 줄씩 추가되며, 위관급 장교와 영관급 소령까지는 6mm 단위로, 영관급 대령부터 장관급은 12mm 단위로 추가된다. 여기에서 장관급 장교는 장관급의 계급을 드러내기 위해 영, 위관보다 훨씬 두꺼운 금선을 기본으로 한 상태에서 12mm씩 금선이 추가된다.

〈위관급 장교(대위 – 준위)〉

위관급 장교의 경우 12mm 금선 두 줄 이내에서 계급이 표시된다. 준위는 12mm의 금선으로 계급을 표시하되, 가운데 부분을 잘라 소위와 계급을 구분한다. 소위는 12mm 금선 한 줄, 중위는 12mm와 6mm 금선이 각 한 줄씩, 대위는 12mm 금선 두 줄로 계급이 표시된다. 즉 계급이 한 단계 올라갈수록 6mm의 금선이 추가된다.

〈영관급 장교(대령 – 소령)〉

영관급 장교의 경우 12mm 금선 네 줄 이내에서 계급이 표시된다. 소령은 기존 대위 계급장의 12mm 금선 두 줄 사이에 6mm 금선이 추가되어 12mm 두 줄, 6mm 금선 한 줄, 중령은 여기에서 다시 6mm가 추가되어 12mm 금선 세 줄이다. 대령부터는 6mm 단위가 아니라 12mm 단위로 금선이 추가되어 12mm 금선 네 줄로 계급이 표시된다.

〈장관급 장교(대장 – 준장)〉

장관급 장교부터는 영, 위관급 장교와 구분되도록 아주 굵은 금선을 기본으로 두르며, 여기에서 계급이 올라갈 때마다 12mm 굵기의 금선이 추가된다. 준장은 굵은 금선 한 줄로 계급이 표시되며, 소장은 여기에 12mm 금선이 추가되어 총 두 줄,

중장은 굵은 금선 한 줄과 12mm 금선 두 줄, 마지막으로 대장은
굵은 금선에 12mm 금선 세 줄이 추가되어 계급이 표시된다.
　금선의 끝에는 해군의 문양을 달아 수장을 마무리하는데, 이것은
소매의 남는 공간에 금선을 추가하여 계급을 사칭하는 것을 막기
위해서이다. 해군의 수장은 전 세계적으로 공통 사용되고 있으나 이
문양은 국가별로 조금씩 달라지기도 한다. 우리나라 해군의 경우
태극무늬 뒤로 닻 두 개가 교차되어 있는 금색 문양을 사용하고 있다.

〈해군 계급별 수장과 견장〉

계급	계급장	수장	견장
대장			
중장			
소장			
준장			
대령			
중령			
소령			
대위			
중위			
소위			
준위			

학교에서 청소를 할 때를 생각해보자. 일단 책걸상을 뒤로 밀어
치우기 좋도록 공간을 만든다. 빈 공간이 확보되면 빗자루로
먼지를 쓸어 모으고, 바닥의 쓰레기와 먼지를 다 치우고 난
뒤에는 물로 깨끗이 빤 대걸레로 바닥을 닦아 마무리한다.
마지막으로 치워 둔 책걸상을 제자리로 옮겨 놓아야 비로소
청소가 끝난다. 작은 교실 하나를 치우는 데도 이렇게 할 일이
많다. 그런데 이 일을 제한된 시간 안에 해내려면 한 사람의
힘만으로는 어림도 없다. 여럿이 서로 해야 하는 일들을 나눈 뒤
각자 맡은 역할을 잘 수행해야 원하는 시간에 청소를 끝낼 수
있다. 이러한 상황은 군대에서도 마찬가지이다. 국가와 국민을
안전하게 지키려면 그만큼 많은 일들을 해야 하고 규모도 커질

수밖에 없다. 그렇기에 군대에서는 일의 성격에 따라 분야를
나누어 각기 맡은 임무를 수행하고 있다.

또한 같은 분야라 하더라도 계급에 따라 군에서 해야 하는
역할이 달라진다. 장교는 자신을 따르는 부하들을 잘 돌보고
지휘하며 유사시에는 알맞은 전술을 펼쳐야 하며, 부사관은
장교와 병사 사이에서 둘을 이어주는 연결 고리가 되면서 자신이
맡은 분야를 책임지고 관리해야 한다. 그리고 병사는 상관의
지휘에 따라 작전을 잘 실행하며 상관의 업무를 잘 도울 수
있어야 한다.

지금부터 해군이 하는 일들을 분야별로 나누어 소개하려 한다.
일반인이 보기 편하도록 임의로 분야를 나누었으며, 큰 범주
위주로 간단히 설명하는 것이기 때문에 여기에 소개되지 않은
상세한 업무들이 있을 수 있다는 것을 참고하길 바란다. 또한 이
책이 해군을 직업으로 염두에 둔 이들을 위해 쓰여진 만큼
직업으로서 가장 많이 지원하는 부사관을 기준으로 설명하고
있으니 유념하여 읽어 보도록 하자. 좀 더 자세한 구분이나
설명이 필요하다면 직접 해군에서 자료를 찾아보는 것을 권한다.

함정을 타고 바다로 나아가기

해군이라고 하면 가장 먼저 떠오르는 이미지는 세일러 깃이 달린 흰 군복을 착용한 수병들과 거센 파도를 가르며 힘차게 앞으로 나아가는 커다란 군함의 모습일 것이다. 실제로 군함은 해군력의 상징이자 해군을 이야기할 때 빼놓을 수 없는 중요한 전력이다. 그만큼 해군에서는 여러 가지 목적에 따라 서로 기능이 다른 다양한 함정들을 보유하고 있으며, 이것을 타고 바다를 누비며 여러 훈련과 작전을 펼치고 있다. 이때 각 해군들은 배의 크기나 목적에 따라 여러 가지 일들을 나누어 맡아 배가 임무를 잘 완수할 수 있도록 하는데, 대표적인 임무들을 소개해 보자면 다음과 같다.

〈갑판〉

갑판은 커다란 배에 깔린 넓고 평평한 바닥을 이르는 말이다. 배의 바닥이니만큼 배에서 해야 하는 여러 가지 일들은 대부분 갑판에서 하게 된다. 즉, 갑판 관련 임무란 배에서 일어나는 각종 일들을 폭넓게 담당하는 것을 말한다.

배가 들고 날 때 필요한 각종 장비들을 다루기도 하고, 조난 구조법이나 물자 보급 등 해상 부대가 해야 하는 전반적인 업무는 모두 갑판에서 도맡아 한다. 또한 강철로 만들어진 배들은 바닷물에 쓸리다 보면 녹이 슬게 되는데 이것을 방지하고자 꼬박꼬박 페인트칠을 하여 배를 깨끗하게 유지하는 것도 갑판의 몫이다.

헬리콥터 등 배에 드나드는 항공기들이 배에 착륙할 때는 당연히 갑판에 내리게 된다. 그렇기에 이런 비행기들이 잘 오르내릴 수 있도록 하는 것도 갑판에서 맡는다. 그 밖에 필요에 따라 수상함을 조종하는 법을 배우기도 하며, 배 위에서 벌어지는 각종 일에 관여하기 때문에 갑판 임무는 해군의 꽃이라고 불리기도 한다.

▲▼ 갑판에서 입항 준비 및 임무를 하고 있는 해군

▲ 함정의 방향을 결정하는 조타 임무를 수행하고 있는 해군

〈조타〉

　배가 안전하게 원하는 곳으로 잘 움직일 수 있도록 배를
조종하는 임무이다. 방향을 잡아주는 사람이 없으면 배가 나아갈
수 없기 때문에 당연하게도 모든 배에 꼭 한 명씩은 탑승하게
된다. 항해에 필요한 여러 가지 계기나 신호 장비 등 다양한
기계를 조작하는 일을 한다. 운항 중 다른 함정과 정보를
나누기도 하며, 배 안 사람들에게 방송을 하기도 한다. 또한 배는
기상 상황에 따라 많은 영향을 받기 때문에 늘 날씨를 잘
관찰하여 상황에 따라 배의 방향이나 속도를 결정하며, 적
전투기나 함정에 맞서 싸워야 할 때 우리에게 유리하고 필요한
곳으로 배를 이끄는 일을 한다.

함상생활 들여다보기

해군 함정은 한 번 바다로 나아가면 다시 기지로 돌아올 때까지 육지와 단절된 생활을 하게 된다. 어찌 보면 고립됐다고도 할 수 있는 환경 속에서 해군 장병들은 오랫동안 함께 시간을 보내며 나름의 독특한 문화를 구축했는데, 그중 몇 가지를 꼽아 소개하려 한다.

먼저 길차렷 문화가 있다. 본디 경례는 군인의 기본으로, 제복을 입었을 때는 오른손을 들어 올리고 손바닥을 펴서 모자 챙 끝이나 눈썹 근처에 대고 하는 거수경례를 하게 된다. 그러나 해군 함정은 각종 기계와 장비들 때문에 배 안이 매우 좁은 편이다. 두 사람이 지나가기에도 버거울 만큼 좁은 곳도 있고, 경례를 하려고 팔꿈치를 들어 올려 옆으로 뻗을 공간조차 부족할 때도 있다. 그렇기에 해군에서는 좁은 함정 안에서 원활히 경례를 할 수 있도록 '길차렷'이라는 경례 방식을 사용하기도 한다. 길차렷이란 기존 거수경례 시 오른쪽 팔꿈치를 옆으로 곧게 뻗는 것과 달리 팔꿈치를 앞쪽으로 조금 꺾어서 경례를 하는 방법이다. 비좁은 함정을 돌아다닐 때 공간을 만들어 서로 경례를 잘 할 수 있도록 만든 방식이다.

또한 함정이라는 제한된 공간에서 생활하다 보면 부대원들끼리 계속 얼굴을 마주치게 되는데, 이때마다 일일이 경례를 한다면 좁은 함정에서 인사 소리가 끊이지 않을 것이다. 그렇기에 이러한 함상생활의 특이점을 감안하여 상급자를 처음 만났을 때만 거수로 경례를 하고 이후에는 목례나 또 다른 방법으로 예의를 표시하여 약식 경례를 하는 방식으로 생활하고 있다.

앞서 이야기한 인사법 말고도 함상생활의 특징을 꼽자면 여타 부대에 비해 잦은 청소 작업을 들 수 있다. 철로 된 배를 타고 염분이 많은 바다를 항해하다 보면 자연스럽게 배 이곳저곳에 녹이 슬기도 하고, 바닷바람이나 바닷물이 튀어 배 안이 지저분해지기도 한다. 함정에 실려 있는 각종 군용 장비들 또한 염분이 닿으면 고장이 날 확률이 높아진다. 함정에서 생활하는 사람들 역시 배가 더러워지면 쉽게 병에 걸릴 수도 있고, 혹 전염병이라도 발생한다면 손쓸 새도 없이 모든 승조원이 질병에 감염될 수 있기에 청소에 각별히 신경을 쓰는 편이다. 때문에 배에 끼는 녹이나 먼지를 수시로 제거하고, 함정 내부를 깨끗하게 쓸고 닦아 곤란한 일이 발생하지 않도록 항시 청결을 유지하고 있다.

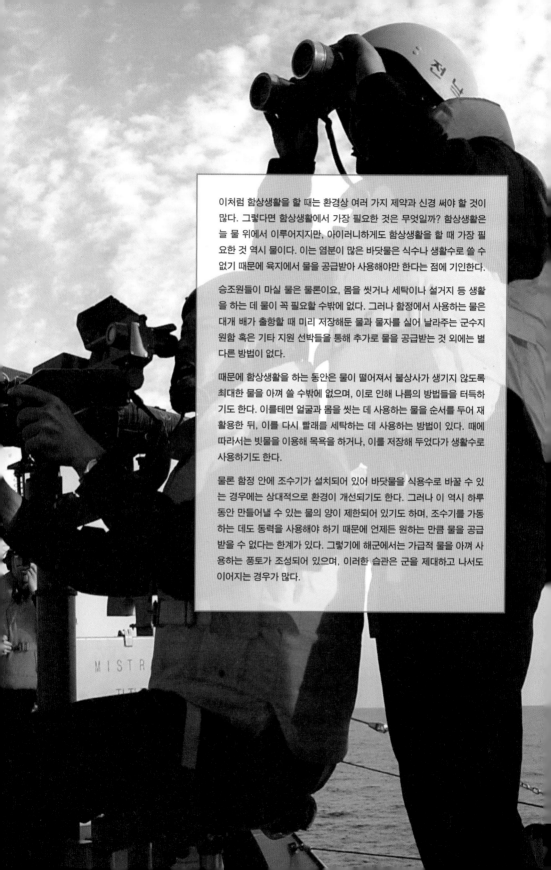

이처럼 함상생활을 할 때는 환경상 여러 가지 제약과 신경 써야 할 것이 많다. 그렇다면 함상생활에서 가장 필요한 것은 무엇일까? 함상생활은 늘 물 위에서 이루어지지만, 아이러니하게도 함상생활을 할 때 가장 필요한 것 역시 물이다. 이는 염분이 많은 바닷물은 식수나 생활수로 쓸 수 없기 때문에 육지에서 물을 공급받아 사용해야만 한다는 점에 기인한다.

승조원들이 마실 물은 물론이요, 몸을 씻거나 세탁이나 설거지 등 생활을 하는 데 물이 꼭 필요할 수밖에 없다. 그러나 함정에서 사용하는 물은 대개 배가 출항할 때 미리 저장해둔 물과 물자를 실어 날라주는 군수지원함 혹은 기타 지원 선박들을 통해 추가로 물을 공급받는 것 외에는 별다른 방법이 없다.

때문에 함상생활을 하는 동안은 물이 떨어져서 불상사가 생기지 않도록 최대한 물을 아껴 쓸 수밖에 없으며, 이로 인해 나름의 방법들을 터득하기도 한다. 이를테면 얼굴과 몸을 씻는 데 사용하는 물을 순서를 두어 재활용한 뒤, 이를 다시 빨래를 세탁하는 데 사용하는 방법이 있다. 때에 따라서는 빗물을 이용해 목욕을 하거나, 이를 저장해 두었다가 생활수로 사용하기도 한다.

물론 함정 안에 조수기가 설치되어 있어 바닷물을 식용수로 바꿀 수 있는 경우에는 상대적으로 환경이 개선되기도 한다. 그러나 이 역시 하루 동안 만들어낼 수 있는 물의 양이 제한되어 있기도 하며, 조수기를 가동하는 데도 동력을 사용해야 하기 때문에 언제든 원하는 만큼 물을 공급받을 수 없다는 한계가 있다. 그렇기에 해군에서는 가급적 물을 아껴 사용하는 풍토가 조성되어 있으며, 이러한 습관은 군을 제대하고 나서도 이어지는 경우가 많다.

배와 기계 수리하고 정비하기

배는 시간이 지나면 낡기도 하고, 이곳저곳 고장이 나기도
한다. 그렇기에 자동차나 비행기와 마찬가지로 정기적으로
점검을 하여 이상이 있는지를 살펴보고, 혹여 문제가 있다면
알맞게 수리를 해주어야 한다. 또한 군함 뿐 아니라 지상에 있는
해군 기지들에서도 마찬가지로 다양한 장비와 기계들이 있기에
이것들을 알맞게 점검하고 수리할 인력이 필요하다.

특히나 군함은 그 크기가 큰 만큼이나 다양한 기관과
부속품들로 이루어져 있기에 한 명이 이 모든 것을 맡을 수는
없다. 대신 각 기계 및 기관의 기능과 역할에 따라 각기 업무를
나누어 배가 오래도록 제 역할을 잘 수행할 수 있도록 관리하고
있다.

〈보수〉

배의 전체적인 수리와 보수를 담당한다. 알맞은 장비를
사용하여 떨어진 부위를 용접하고, 필요한 부품을 가공하며, 물이
찼거나 부서진 부위 등을 고쳐 복원하기도 한다. 맡은 역할에
따라 함정에서 근무하기도 하고 지상에서 근무하기도 한다.

〈기관(추진기관)〉

동력기관 및 각종 설비들을 관리하는 임무이다. 배의 심장과도
같은 내연기관부터 가스터빈, 보일러, 조타기, 전기기기,
냉동장치나 통풍장치 등 배 안에 있는 여러 가지 설비기관들을
관리하고 정비한다. 보수와 마찬가지로 맡고 있는 역할에 따라
함정 근무와 지상 근무 두 가지가 있다.

▲▼ 함정 수리 및 관리 임무를 수행하고 있는 해군

항공기와 공중 작전 펼치기

항공기는 해군 함선을 도와 주위를 정찰하거나 공격하고, 때에 따라 필요한 물품 및 사람을 수송해주는 등 해군에서 여러모로 중요한 역할을 담당하고 있다. 해군 항공기들은 대부분 해상 초계를 주로 수행하여 적 함정이나 항공기뿐 아니라 바다 깊이 있는 잠수함까지 샅샅이 탐지하여 경계하는 임무를 맡고 있다. 또한 때에 따라 함정이나 잠수함에 맞서 싸우기도 하고, 상륙작전을 펼치기도 하며, 비상 상황에서는 구조 임무를 수행하기도 하는 등 다양한 역할을 하고 있다. 지상이 아니라 바다 위에서 함정들과 함께 임무를 수행하기 때문에 자주 고도를 낮춰 비행해야 하며, 배에서 뜨고 내려야 하는 등 지상 비행과 조금 성격이 다르기도 하다.

조종사 한 명이 전투기 한 대를 조종하여 작전을 수행하는 공군과는 달리 해군 항공기들은 한 대에 여러 명이 탑승하여 각기 일을 나누어 맡는다. 이것은 해군 항공기의 주된 목적이 공중 전투가 아니라 함정과 함대가 해전에서 승리할 수 있도록 다방면에서 협력하는 것이기 때문이다. 물론 이 내용들은 각 군의 전력이나 전술 방침에 따라 달라질 수 있다. 예를 들면 미국 해군의 경우에는 아예 해군에서 공군에 필적할 만한 강력한 전투기를 대거 보유하여 자체적인 항공모함전대를 직접 운용하고 있기에 해군 항공기의 역할이 달라지기도 한다.

〈조종사〉

해군에서 운용하는 항공기들을 조종하는 사람이다. 조종사가 되려면 오랜 시간 동안 충분한 교육을 받아야 하고, 복무 중에도 충분한 경험을 통해 숙련도를 높여야 한다. 그렇기에 조종사는 대부분 정예 인력으로 여겨지며, 장교로만 구성되어 있다. 해군 조종사는 탑승하는 항공기의 종류에 따라 날개가 비행기 동체에 붙어 있는 고정익 조종사와 헬리콥터처럼 날개가 회전하며

동체를 움직이는 회전익 조종사로 나누어진다. 또한 맡고 있는
임무에 따라 정조종사, 부조종사로 등급이 나누어진다.

　우선 임무지휘관이라고도 불리는 정조종사는 항공기를 조종해
해당 항공기가 맡고 있는 작전을 책임지고 지휘한다. 다음으로
부조종사는 정조종사를 도와 항공기 조작에 도움을 주며, 유도탄
발사 등 항공기 안에 있는 각종 장비나 무기를 다룬다. 복무 기간
동안 정예 조종사로서 임무를 마친 뒤에는 교관 선발에 지원하여
후임 조종사들을 양성하기도 한다.

〈항공조작〉

　항공조작은 항공기 안에서 맡은 임무에 따라 각종 장비 등을
조작하는 일을 말한다. 주로 적을 탐지하는 장비나 항공기에
장착된 무기 투하 장비 등을 조작하며 필요에 따라 해당 장비들을
직접 수리하기도 한다. 기계나 기술 분야를 전문적으로 다루는
부사관들이 맡아 임무를 수행한다.

〈항공통제〉

　항공통제란 항공기가 원활하게 뜨고 내리도록 통제하는
역할을 말한다. 항공기가 잘 운행되려면 관제탑, 즉 통제 시설이
있어야 한다. 항공통제는 관제탑에서 알맞게 비행기의
이·착륙을 계획하고, 필요한 정보를 항공기에 제공하며, 지시를
내리는 등 항공기의 전반적인 운행을 관리한다.

〈항공기 정비&관리(항공기관/항공기체/항공전자)〉

　항공기는 함정만큼이나 복잡하고 다양한 기관들로 이루어져
있기에 이것을 정비하는 인력 또한 각 기관의 기능에 따라 역할이

나누어진다. 우선 항공기관은 항공기 및 항공기에 들어가는 각종 기관들을 정비하는 일을 말한다. 오일이나 연료 및 엔진까지 각종 기관들을 잘 관리하여 항공기가 원활하게 움직일 수 있도록 한다. 다음으로 항공기체는 항공기 안에 들어가는 각종 전문 계통의 기기를 정비하는 일을 말한다. 계기판이나 유압기관 등 섬세한 손길이 필요한 기관들을 정비하여 이상이 없도록 관리한다. 마지막으로 항공전자는 이름처럼 항공기 안에 들어가는 각종 전자 장비들을 관리하고 유지하는 일을 말한다.

〈항공무장〉

항공무장은 항공기에서 쓰이는 각종 군용 병기나 기기를 다루는 일을 말한다. 일반 항공기와 달리 군용 항공기들은 항공기 기체에 군사 목적으로 쓰이는 특수한 기관이나 기계들이 갖추어져 있다. 해군 항공기 역시 유사시에 적 함정이나 잠수함을 폭격하기 위한 무기들을 탑재하고 있다. 항공무장은 이 무기들이 필요할 때 잘 작동할 수 있도록 관리하고 유지하는 역할을 하고 있다.

〈항공장비〉

항공기에 있는 각종 부품 내부를 검사하여 이상이 있는지 살펴보거나, 항공기에 들어가는 각종 장비들을 지원 및 관리하는 일을 말한다. 그 밖에 필요할 경우 특수 수리 등을 담당하기도 한다.

▲▼ 항공기 조종 및 관리 임무를 수행하고 있는 해군들

해군에서는 어떤 항공기를 보유하고 있을까?

해상초계기들은 주로 잠수함을 찾아내는 데 필요한 각종 장비들을 싣고 다녀야 하고, 목표물을 찾아낼 때까지 함정과 함께 다니며 드넓은 바다 위를 멀리 날아다녀야 한다. 그러다 보니 크기도 크고 비행 속도도 전투기에 비해 느린 편이다. 그렇기에 굳이 항공기를 따로 제작하지 않고 비슷한 조건을 갖춘 일반 여객기나 군용 수송기 등을 개조하여 사용하는 경우가 많다. 또한 해수면에 가깝게 비행하는 경우가 많고, 비행시간도 길며, 야간 비행도 많기 때문에 일반 전투기 조종술과 달리 해상 작전에 알맞은 별도의 비행술이 필요하기도 하다.

*해상초계기(P-3C)

미국 록히드사에서 프로펠러 항공기를 개조하여 만들어낸 해상초계기로 식별레이더와 수중탐지기를 통해 먼 거리에 있는 적군이나 물속 깊은 곳에 있는 적 잠수함을 미리 발견해 타격하는 역할을 하고 있다. 우리 해군에서 보유한 P-3 초계기는 터보프롭 엔진을 장착하고 있으며 작전 반경이 비교적 넓어서 원하는 목표물을 탐색하거나 구조 작전 등에 사용되기도 한다.

▲ 우리 해군의 주력 해상초계기 P-3C. 주로 적 작수함을
감시 · 탐지 · 공격하는 임무를 수행하며, 해상 경계 및
구조 작전에도 쓰인다.

*해상작전헬기(LYNX)

해상 작전을 수행할 때 매우 중요하게 쓰이는 헬리콥터이다. 개조 내용에 따라 여러 가지 기종이 있다. 각종 탐색 레이더 및 대함 미사일, 어뢰, 기뢰, 자동비행장치 등 해상전에 필요한 다양한 장비를 갖추고 있다. 이를 이용하여 적 수상함이나 잠수함을 찾아내 공격하는 역할을 하고 있다.

▲ 적 작수함을 감시·탐지·공격하는 데 주로 쓰이는 해상작전
헬기(LYNX). 해상 경계 및 공격의 임무도 수행하며,
개조 내용에 따라 여러 기종이 있다.

*다목적헬기(UH-60)

공격뿐 아니라 상륙작전이나 기동작전, 군수지원, 수송 등 여러 가지 작전에 다양하게 사용되는 기동헬기이다. 기관총 및 레이더, 미사일 등 다양한 장비들을 탑재하고 있다. 넉넉한 적재량으로 무기나 탄약 등 작전에 쓰이는 여러 군수품을 옮길 때도 자주 쓰이며, 승무원 외 최대 11명가량 되는 인원을 이송할 수 있기에 필요한 곳에 병력을 지원할 때도 유용하게 사용된다. 블랙호크라는 별칭이 있다.

▲ 공격뿐 아니라 상륙작전이나 기동작전, 군수지원 등
여러 가지 목적으로 사용되는 다목적헬기(UH-60)

무기 운용하기

해군에서는 유도탄, 함포, 기뢰, 어뢰 및 다양한 병기들을
보유하고 있으며, 해군이 작전을 성공적으로 펼치기 위해서는 이
병기들이 제 기능을 잘 발휘해야 한다. 그렇기에 평상시에 함부로
작동되지 않도록 신중히 관리해야 하며, 필요할 때 알맞게 사용할
수 있도록 조작법 등을 아는 인력이 필요하다.

〈무장〉

함정 혹은 육상에 있는 여러 가지 화기들과 수중무기 및 다양한
병기들을 운용하는 일을 하고 있다. 필요할 때 언제든 사용할 수
있도록 잘 관리하고, 고장이 나면 신속히 수리하여 무기들이 이상
없이 작동하도록 관리하고 유지한다.

〈사통〉

사격통제체제를 줄여서 사통이라고 한다. 유도탄 등 특정한
목표물을 향해 발사되는 병기들을 관리하는 일을 한다. 알맞은
목표물을 지정하거나, 탄의 방향을 결정하는 것 및 맡은 장치를
잘 관리하고 유지하는 일을 하고 있다.

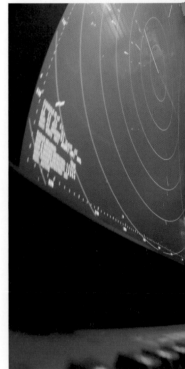

전자 장비 운용하기

첨단과학의 발달로 군에서 사용되는 병기나 기기들은 대부분
전자 장비들로 이루어져 있다. 이 장비들로 적군의 움직임을
알아채기도 하고, 아군의 움직임을 제어하기도 한다. 군사
목적으로 쓰이는 장비들이기에 앞에 나온 병기 부분과 사용
목적이 거의 일맥상통하나, 이해를 돕기 위해 임의로 분야를
나누어둔 것이니 유념하도록 하자.

〈전탐/음탐〉

전탐은 전자탐지의 줄임말로, 레이더와 같은 전자기기들을
직접 사용하여 적군을 탐지하는 일을 한다. 해군 함정들이 작전을
벌일 때 배의 눈이 되어 무엇이 있는지를 살펴보게 된다. 함정
안에서는 레이더를 보며 주위 상황을 살피고, 항구에서는 어떤
배가 드나드는지 일일이 식별하기도 한다.

반면 음탐은 음파탐지의 줄임말이다. 수중에서는 적
잠수함이나 기뢰 등을 찾을 때 주로 음파를 이용한 탐지기기를
이용하기에 해군에서 특히 많이 사용하는 장비들이다. 음탐
임무를 맡게 되면 이와 관련된 각종 기기들을 다루고 관리하는
일을 하게 된다.

〈전자전〉

군사 목적으로 쓰이는 여러 전자 장비나 기기를 운영하여
다양한 전자 정보를 입수하고 분석한다. 필요할 경우 분석한
상황에 대응하여 알맞은 전술을 수립하며, 필요에 따라 전자
공격을 펼치기도 한다. 또한 이 기기들이 잘 유지될 수 있도록
평소에 잘 관리한다.

각종 시설과 기기 관리

　해군을 운용하는 데 필요한 여러 가지 시설들과 기기를
관리하여 이것들이 잘 작동되도록 하며, 장병들이 편리하고
원활하게 임무를 수행할 수 있도록 하는 일이다.

〈전자〉
　해군에서 쓰이는 각종 전자기계 장비들을 운용한다. 통신
장비를 비롯하여 여러 가지 전자 장비들을 운용하며, 이상이
없도록 잘 수리하고 정비하며 관리하는 일을 하게 된다.

〈정보통신〉
　위성이나 디지털 장비 등 군에서 사용하는 다양한 통신
장비들을 관리하며, 때에 따라 수리하고 정비하는 일을 담당한다.

〈시설〉
　해상이나 육상에 필요한 여러 가지 시설물을 설계하거나
공사하며, 이러한 시설물들이 잘 만들어지고 있는지 감독한다.
시설물 시공을 마친 후에는 해당 시설물을 알맞게 유지하고
관리하며 문제가 있는 곳을 보수하기도 한다.

특수 임무 수행

해군에서는 각종 특수 작전을 수행하는 이들이 따로 있다. 이들은 뛰어난 실력과 기량, 체력이 뒷받침된 소수 정예 부대로 수중 폭파, 상륙 기습, 대테러 및 적군 납치·감시, 포로 구출, 폭발물 처리 등 다양한 특수 임무를 수행하고 있다.

〈잠수〉

알맞은 장비를 착용하고 바다 깊이 잠수하여 주어진 임무를 수행한다. 바닷속에 있는 장애물을 제거하거나 해난 구조 등의 임무부터 수중 폭파를 비롯한 특수 임무까지 다양한 일을 하고 있다.

〈특전〉

앞서 말한 특수 임무를 수행하는 이들을 말한다. 지상과 해상을 오가며 적 해역이나 지역에 은밀히 침투하여 정찰 혹은 암살, 장비 타격, 첩보 등의 임무를 수행하여 적에게 치명적인 손실을 입히는 다양한 특수 작전을 수행한다.

우리나라의 해군 특수부대들

〈해군특수전전단(UDT/SEAL)〉

해군특수전전단은 대한민국 해군의
자랑스러운 특수부대로, 보통 UDT라는
이름으로 잘 알려져 있다. 동일한 이름의 미
해군 특수부대(수중파괴부대)의 영향을 받아
만들어졌으며, 처음 창설되었을 때는
'해군수중파괴대'로 불렸다. 시간이 흐르는 동안
'해군특수전대', '해군특수전여단' 등으로
이름이 조금씩 바뀌었으며, 현재는
'해군특수전전단'이라고 불리고 있다.
특수전전단 안에서도 각기 맡고 있는 임무에
따라 작전 대대가 나누어지는데, 각 대대와
임무를 소개하자면 다음과 같다.

*UDT: 'Underwater Demolition Team'의
  약자로, 수중 파괴 임무를 주로 수행한다.
*SEAL: 'Sea, Air and Land'의 약자로,
  특수작전대라고 불리기도 한다. 이름에서 알
  수 있듯이 육 · 해 · 공 전천후 타격 임무를
  주로 수행한다.
*EOD: 'Explosive Ordnance Disposal'의
  약자로, 폭발물 처리 임무를 맡고 있다.
*CT: 'Counter Terror'의 약자로, 해상대테러
  임무를 맡고 있다.

이들은 특수한 작전을 수행해야 하다 보니
비교적 다양한 장비를 착용하는 편이며,
가혹하다 여겨질 만큼 강도 높은 훈련을 하여
강한 정신력과 임무 수행 능력을 키우는
편이다. 해군특수전전단 중에는 소말리아
해적으로부터 우리 상선을 보호하는 임무를
맡아 아덴만 여명 작전에서 혁혁한 공을 세운
청해부대가 유명하다.

〈해난구조대(SSU)〉

SSU는 'Ship Salvage Unit'의 약자로 심해
잠수 및 해상 재난 구조 등의 특수 임무를 맡고
있는 해난 구조 부대이다. 인명 구조나 선체
인양, 각종 해양 사고 지원 등 잠수가 필요한
각종 작전에 투입되어 임무를 수행한다.

▲ 수중 폭파, 대테러, 폭발물 처리 등 각종 특수 작전을 수행하는 해군특수전전단(UDT/SEAL)

▲ 각종 해난 사고나 작전 현장에서 해난구조의 임무를 수행하는 해군의 특수부대인 해난구조대(SSU)

군함에서 사용되는 장비들

함포(Naval Gun)

군함에 달려 적을 공격하는 대포를 말한다. 강력한 포탄을 발사하여 적 함정을 대파시킬 수 있다. 대개 원거리 사격을 할 수 있도록 포신이 길게 설계되어 있다. 함정의 크기에 따라 장착되는 함포의 크기나 구경도 달라진다. 오늘날에는 레이더와 같은 탐지 장치가 발달하고 미사일 등의 발전된 공격 무기가 등장함에 따라 해군의 주력 무기로 쓰이지는 않고 있다.

유도탄(미사일, Missile)

목표물에 도달하면 폭발하도록 만들어진 포탄을 말한다. 발사된 뒤에는 무선이나 혹은 적외선 등으로 목표물을 탐지하여 찾아가며, 적 항공기 혹은 함정, 때에 따라 지상 목표물 등을 공격할 수 있다.

어뢰(Torpedo)

어형수뢰(魚形水雷)를 줄여 부르는 말로, 물속에서 작동하는 포탄이다. 아무리 단단히 무장한 함선이라도 물속에 잠긴 바닥에 구멍이 나는 순간 속절없이 가라앉을 수밖에 없기에 해상전에서는 아주 유용하면서도 치명적인 무기이다. 작동 방식으로는 유도탄과 마찬가지로 목표물을 스스로 찾아 폭발하는 것과 해군이 직접 조종하여 목표물에 다가가는 것 등 다양한 종류가 있다.

기뢰(Mine)

기계수뢰(機械水雷)를 줄여 부르는 말로, 물속에서 작동하는 지뢰이다. 원형으로 된 틀 안에 폭발 장치가 들어 있다. 군함이나 잠수함에 접촉하면 폭발하는 방식부터 특정한 조건을 충족시키면 터지는 것까지 여러 가지 방식이 있다. 특히 잠수함을 공격하는 데 유용하게 쓰인다.

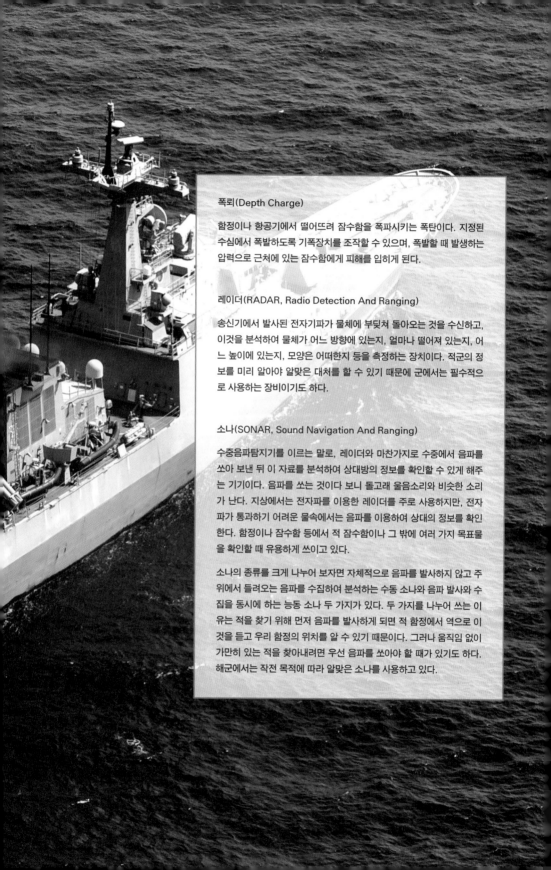

폭뢰(Depth Charge)

함정이나 항공기에서 떨어뜨려 잠수함을 폭파시키는 폭탄이다. 지정된
수심에서 폭발하도록 기폭장치를 조작할 수 있으며, 폭발할 때 발생하는
압력으로 근처에 있는 잠수함에게 피해를 입히게 된다.

레이더(RADAR, Radio Detection And Ranging)

송신기에서 발사된 전자기파가 물체에 부딪쳐 돌아오는 것을 수신하고,
이것을 분석하여 물체가 어느 방향에 있는지, 얼마나 떨어져 있는지, 어
느 높이에 있는지, 모양은 어떠한지 등을 측정하는 장치이다. 적군의 정
보를 미리 알아야 알맞은 대처를 할 수 있기 때문에 군에서는 필수적으
로 사용하는 장비이기도 하다.

소나(SONAR, Sound Navigation And Ranging)

수중음파탐지기를 이르는 말로, 레이더와 마찬가지로 수중에서 음파를
쏘아 보낸 뒤 이 자료를 분석하여 상대방의 정보를 확인할 수 있게 해주
는 기기이다. 음파를 쏘는 것이다 보니 돌고래 울음소리와 비슷한 소리
가 난다. 지상에서는 전자파를 이용한 레이더를 주로 사용하지만, 전자
파가 통과하기 어려운 물속에서는 음파를 이용하여 상대의 정보를 확인
한다. 함정이나 잠수함 등에서 적 잠수함이나 그 밖에 여러 가지 목표물
을 확인할 때 유용하게 쓰이고 있다.

소나의 종류를 크게 나누어 보자면 자체적으로 음파를 발사하지 않고 주
위에서 들려오는 음파를 수집하여 분석하는 수동 소나와 음파 발사와 수
집을 동시에 하는 능동 소나 두 가지가 있다. 두 가지를 나누어 쓰는 이
유는 적을 찾기 위해 먼저 음파를 발사하게 되면 적 함정에서 역으로 이
것을 듣고 우리 함정의 위치를 알 수 있기 때문이다. 그러나 움직임 없이
가만히 있는 적을 찾아내려면 우선 음파를 쏘아야 할 때가 있기도 하다.
해군에서는 작전 목적에 따라 알맞은 소나를 사용하고 있다.

군함의 종류

　해군 함정들은 크기와 기능에 따라 다양한 종류가 있다. 이
함정들을 크게 구분해보자면 수상함과 잠수함으로 나눌 수
있는데, 잠수함은 물속을 다니며 적의 동태를 살피거나 은밀하게
표적을 공격할 수 있는 배를 말하며, 수상함은 잠수함을 제외한
모든 물 위로 다니는 군함을 말한다. 보통 민간에서 사용하는
배들은 물 위를 떠다니기 때문에 이런 구분을 할 필요가 없으나,
해군에서는 수상함과 잠수함을 모두 운용하고 있기 때문에
이렇게 배의 명칭을 나누어 종류를 구분하고 있다. 군함의
종류에는 어떤 것들이 있으며, 어떤 목적으로 사용되는지
살펴보자. 또한 여기에서 소개되는 군함의 배수량 기준은
절대적인 수치가 아님을 참고하자.

▲ 연안이나 항만 등에서 불법 어선이나 어로를 단속하는데 주로 쓰이는 고속정

〈고속정(Patrol Killer Medium, PKM)〉

　고속정은 배수량 200톤에서 500톤 사이에 있는 작은 군함을
말한다. 작고 기동성이 좋아서 날쌔게 치고 빠지는 근접전에
유리한 배이다. 주로 연안이나 항만 방어 혹은 불법 어선이나
어로를 단속할 때 많이 쓰인다. 크기와 기능 때문에 다른 군함에
비해 무장이 간소한 편이지만, 유도탄이나 어뢰 등의 무기를
갖추고 있다.

　우리 해군에서는 고속정에 이름을 붙일 때 주로 새 이름을
사용하고 있으며, 참수리 고속정 등 다양한 고속정을 보유하고
있다. 최근에는 차기고속정(PKX)이 등장하여 월등한 실력을
선보이고 있기도 하다.

▲ 적의 기습 공격에 대비해 해상을 경계할 목적으로 주로 쓰이는 초계함

〈초계함(Patrol Combat Corvette, PCC)〉

초계함은 배수량 500톤 이상 1,000톤 내외의 군함으로,
고속정보다는 크고 호위함보다는 작은 군함을 말한다. 호칭에
함(艦)이 쓰이는 것으로 알 수 있다시피 고속정에 비해 훨씬
덩치가 크다. 적군의 기습 공격에 대비해 해상을 경계할 목적으로
쓰이는 군함이며, 평시에는 고속정과 함께 연안 경계를 도맡아
하고 있다.

우리 해군에서는 초계함에 주로 중소 도시의 이름을 붙여
사용하고 있으며, 동해함이나 수원함 등 여러 초계함을 보유하고
있다.

▲ 선대나 함대, 항공모함전대를 호위하는 목적으로 주로 쓰이는 호위함

〈호위함(Frigate, FF)〉

　호위함은 배수량 1,500톤에서 3,000~4,000톤 사이에 있는 군함으로, 초계함보다는 크며 구축함과 비슷한 역할을 한다. 이름처럼 선대나 함대, 크게는 항공모함전대를 호위하며, 때에 따라 적의 어뢰나 잠수함 등에서 아군을 방어하는 역할을 하기도 한다. 기동성이 좋아 연안 해안 전투에서 뛰어난 능력을 발휘하며 적군을 발견했을 때 빠르게 대응하는 용도로도 쓰인다. 구축함에서 기능과 제작비를 조금 줄여 만든 소형 구축함이라고 생각하면 쉽다. 그러나 기본적인 대공포나 함포 등은 당연히 장착되어 있으며, 종류에 따라 대잠레이더를 장착하기도 한다.

　과거에는 군함들이 임무와 기능에 따라 각기 크기와 종류가 다르게 만들어졌었다. 그러나 시간이 흐르고 연구가 거듭됨에 따라 배 한 대에 다양한 기능을 실어 종합적인 역할을 할 수 있을 만큼 기술이 발전하게 됐다. 이에 따라 굳이 배를 여러 대 만들지 않고 한 대를 다목적으로 활용하는 방식으로 흐름이 변화하고 있다. 실제로 구축함과 호위함도 기능이 점차 비슷해지면서 둘 사이의 경계가 모호해지고 있으며, 일부 국가들은 구축함과 호위함을 구분하지 않고 통틀어 호위함이라고 부르기도 한다. 우리 해군에서는 호위함에 광역시나 도의 이름을 붙이고 있으며, 울산함이나 서울함 등 다양한 호위함을 보유하고 있다.

▲ 적의 잠수함을 공격할 목적으로 주로 쓰이는 구축함. 사진은 광개토대왕함이다.

〈구축함(Destroyer, DD)〉

구축함은 배수량 3,000톤 이상에서 10,000톤급 정도 되는 군함으로, 잠수함의 공격으로부터 아군을 보호하기 위해 만들어진 함정이다. 잠수함 및 잠수함에서 은밀하게 발사되는 어뢰를 감지하고, 상대방보다 빠르게 공격을 실행하여 적의 공격을 사전에 차단하는 임무를 하고 있다. 전방위 공격이 가능하여 함대의 주력 전투함으로 쓰이고 있다.

구축함은 순양함보다는 작고 항속거리가 짧은 편이나 잠수함을 상대해야 하다 보니 속력이 빠르고 기동성이 좋은 편이다. 또한 잠수함을 탐지하기 위한 수중음파탐지기를 장착하고 있다. 기본적으로는 적 잠수함을 상대하기 위한 대잠용으로 만들어졌으나, 해상에서 공격하는 적군을 상대하기 위해 함대용 공격 미사일이나 함포 등을 함께 장착하여 다양한 역할을 맡는 편이다.

우리 해군에서는 구축함에 주로 추앙받는 왕이나 장수의 이름을 붙이고 있으며, 충무공 이순신함, 광개토대왕함, 세종대왕함 등을 보유하고 있다. 특히 세종대왕함은 우리나라 최초로 이지스 시스템을 갖춘 한국형 구축함으로 위용을 드러내고 있다.

▲ 기뢰를 전문적으로 다루는 기뢰전함은 기뢰를 설치하는 기뢰부설함과 적의 기뢰를 찾아내 없애는 소해함
으로 나누어진다. 사진은 한미 연합 기뢰전 훈련에 참가한 원산급 기뢰부설함이다.

〈기뢰전함(Mine-, MLS, MSH, MHC)〉

　기뢰전함은 기뢰를 전문적으로 다루는 함정으로, 기뢰를
뜻하는 Mine의 머리글자 M이 함정 약어 앞머리에 쓰인다.
바닷속에 기뢰를 설치하는 기뢰부설함(MLS)과 적 기뢰를 찾아내
없애는 소해함(MSH, MHC)으로 나누어진다. 기뢰부설함은
배수량이 2,000~3,000톤 정도 되며, 소해함은 배수량이
400~1,000톤 사이이다. 똑같이 기뢰와 연관되어 있지만,
소해함은 숨어 있는 기뢰를 재빠르게 찾아내야 하는 만큼
상대적으로 덩치가 작고 유연하게 움직일 수 있도록 만들어져
있다. 우리 해군에는 원산급 기뢰부설함과 양양급 기뢰탐색
소해함 등을 보유하고 있다.

〈순양함(Cruiser, C)〉

　순양함은 배수량 10,000톤 이상 되는 군함으로, 먼 거리에서도
단독으로 작전을 펼칠 수 있는 군함을 말한다. 대서양을 넉넉히
항해할 수 있도록 충분한 크기와 전투 능력을 겸한 초대형

▲ 바다에서 육지로 군인 및 군수 물자 등을 보내 상륙작전을 지원하는 역할을 하는 상륙함.
사진은 비로봉함이다.

군함으로 한때 열강에서 경쟁적으로 순양함을 만들려 했던
시기도 있었다.

그러나 최근에는 앞서 언급했듯 다목적 군함을 운용하는
추세로 변화하고 있다. 구축함의 크기가 커지고, 다른 배들의
역할을 대부분 수행하고 있기에 공연히 크기만 크고 비용도 많이
들어가는 순양함은 지금 거의 쓰이지 않는 추세이다. 우리나라
역시 순양함을 보유하고 있지 않으며, 미국이나 러시아 등에
순양함이 남아 있다.

〈상륙함(Landing Ship Tank, LST)〉

상륙함은 배수량 9,000톤에서 10,000톤 내외에 달하는 함정을
말하며, 바다에서 육지로 상륙군 및 군수 물자 등을 보내어
상륙작전을 지원하는 역할을 한다. 바다에서 싸우는 것이 아니라
육지로 들어갈 병력과 장비 및 물자를 수송하는 함정이기에
공간이 비교적 넉넉한 편이다. 작게는 보트와 비슷한
고속상륙정(LSF)부터 전차나 항공기 등을 나를 수도 있는 대형

상륙함(LST)까지 여러 가지 종류가 있다.

　우리 해군에서는 상륙함에 고지를 탈환한다는 목적을 담아 산봉우리 이름을 주로 붙이며, 기존 상륙함과 크기와 역할이 다르게 만들어진 대형 상륙함에는 최외곽 도서명을 붙이고 있다. 고준봉함, 비로봉함부터 우리 해군의 든든한 전력인 독도함 등이 있다.

〈지원함(Auxiliary-, ASR, ATS, AOE)〉

　지원함은 전투에 필요한 제반 사항을 지원하는 임무를 맡고 있는 함정을 말한다. 함정 약어로 가장 앞에 오는 이니셜 A는 보조를 뜻하는 'Auxiliary'의 약자로 특수목적 지원함 앞에 공통적으로 쓰이는 편이다.

　함정의 기능이 발달함에 따라 대부분의 함정들이 먼 거리를 항해할 수 있게 됨에 따라 오랜 시간 동안 먼 바다에 나가 있는 경우가 많기 때문에 필요한 물자나 인력을 실어다 주는 군수지원함의 역할이 더욱 많아졌다. 배의 연료나 탄약, 식량 등 각종 군수 물자를 지원하는 군수지원함(AOE)부터 고장 난 배를 수리하거나, 사고를 당한 배를 구조하기도 하는 수상함구조함(ATS), 혹은 잠수정을 인양하는 잠수함구조함(ASR) 등 맡은 역할에 따라 종류가 다양하다. 물자를 싣는 배이기 때문에 크기가 크고, 그만큼 배수량도 많고 내부 공간도 넉넉하다. 물자를 원활하게 싣고 내리기 위해 크레인 같은 운송 시설들이 함께 장착되기도 한다. 특히 군수지원함의 경우 물이나 식량 등 승조원들이 생활하는 데 꼭 필요한 생필품부터 육지에서 오는 편지나 선물 등 각종 소식을 전해준다. 또한 외부에서 새로운 승조원이 전입할 때나 혹은 함상에서 생활하던 승조원이 육지나 다른 곳으로 전출을 갈 때도 이 군수지원함을 이용하여 움직이기도 한다. 그렇기에 어찌 보면 다소 단조로울 수 있는

▲ 물속을 다니며 적 함정을 타격하는 목적으로 주로 쓰이는 잠수함

함상생활에서 새로운 자극과 즐거움, 활력을 불어넣어 주는
배라고 할 수 있다.

〈잠수함(Submarine)〉

　물 위를 다니는 수상함과 반대로 바닷속을 다니며 목표물을
찾아내어 공격하는 군함이다. 물 아래에서 은밀하게 움직이기
때문에 찾아내기가 어려우며, 함정에 급작스러우면서도 치명적인
피해를 입힐 수 있기에 매우 강력하고 무서운 무기이기도 하다.
　어뢰나 기뢰를 이용하여 적 함정을 타격하는 것이 주된
임무이며, 몰래 적 세력을 정찰하여 정보를 얻어내거나 수중에
있는 다른 목표물을 탐색하는 용도로도 쓰인다. 그 밖에
바닷속이나 기후 환경 조사를 하기도 한다. 장착되는 무기는
어뢰나 유도탄 로켓 같은 발사무기부터 소나 같은 탐지장치 등이
있다. 수압을 견딜 수 있도록 튼튼하게 만들어져 있으며,
수상함에 비해 비좁은 편이고 폐쇄적인 생활환경이 특징이다.
우리 해군에서는 손원일급 혹은 장보고급 잠수함 등 다양한

잠수함을 보유하고 있다. 잠수함에 탑승하는 이들은 대개
부사관과 장교이다. 제대로 된 잠수함 승조원 한 명을 양성하려면
시간이 꽤 오래 걸리는 편인데, 복무일이 짧은 일반 병사를
태우게 되면 양성한 시간에 비해 실제 활용 가능한 시간이 매우
짧고, 금방 새로 병사를 들여 처음부터 교육을 시켜야 하기에
비효율적이기 때문이다.

　어떤 사람들은 잠수함이 완전히 물속을 잠항하여 다니는
배라고 알고 있지만, 불과 얼마 전까지만 해도 그렇지 못했다. 2차
세계대전까지 사용됐던 재래식 디젤 잠수함들은 산소 공급을
꼬박꼬박 해주어야 했고, 물이나 연료 보급 문제 등 다양한
이유로 오랫동안 잠수가 어려웠다. 물속으로 다닐 수 있는
시간이래야 짧게는 몇 시간, 길게는 며칠이 고작이었기에
잠수함들은 '물 위로 고개를 내놓고 다니다 필요할 때 잠깐
잠수할 수 있는 배' 정도로 여겨졌다. 여기에 비좁은 잠수함 안에
여러 명의 승조원이 탑승하는데, 군용 함선이기에 무기 등의
군수품은 풍부했지만 승조원의 편의를 위한 공간이나 물품 등은
부족한 편이었다.

　그러나 2차 세계대전 이후 원자력 잠수함이 등장하면서
잠수함의 양상은 크게 변화하고 있다. 원자로에서 발생하는
막대한 에너지는 오랫동안 잠수함을 움직일 수 있게 했으며,
이것을 활용하여 만들어지는 전기 에너지로 물을 분해하여
산소를 만들고, 식수 정화기를 돌렸다. 즉 원하는 만큼 물과
산소의 공급이 가능해졌고, 무제한에 가까울 만큼 오랫동안
잠수할 수 있게 됐다. 물론 실제로는 작전 상황이 아닌 이상 폐쇄
공간에서 오랫동안 있어야 하는 승조원들의 편의 문제도 있기에
적당한 기간을 두고 항해를 하는 편이다. 여기에 원자력 에너지를
동력으로 사용하는 만큼 핵무기를 사용할 수도 있기도 하다.

해군의 배들은 어떤 기준
으로 나누어질까?

**배를 가리키는 한자어로는
함(艦), 호(號), 정(艇) 등
이 있다. 여기에서 '호'는
주로 민간에서 사용되는
배에 쓰이며, '함'과 '정'은
군사 목적으로 사용되는
배를 이를 때 쓰인다. 통칭
하여 '함정'이라고도 한다.
해군에서는 배의 크기에
따라 만재 배수량이 500
톤 이상인 대형 배를 '함'
으로, 그 미만인 소형 배를
'정'으로 구분하고 있다(수
상함 기준). 크기가 크고
복잡한 만큼 '함'은 영관급
장교들이 지휘하며, 상대
적으로 크기가 작은 '정'은
위관급 장교가 지휘한다.**

▲ 우리 해군의 잠수함으로, 바닷속을 은밀히 운항하며 표적물에 기습 공격을 가할 수 있도록 설계되어 있다.

함정의 데뷔와 은퇴

〈진수식〉

진수식은 배를 만든 다음 처음으로 물에 띄울 때 치르는 행사이다. 안전한 항해를 기원하며 상징적인 사물을 이용하여 의식을 치른다. 이전에는 제사를 지내거나 나름의 의식을 치르기도 했으나 최근에는 포도주나 샴페인 등의 술병을 뱃머리에 대고 깨는 방식으로 하고 있다.

배를 물에 들이기 전 뱃머리에서 배의 이름을 크게 말한 뒤 포도주병을 깨뜨리는데, 때에 따라 물병과 술병을 같이 깨기도 하고, 새를 날리거나 돼지머리를 두고 굿을 하기도 하는 등 다양한 방식으로 진행된다. 이후 배를 물에 띄운 뒤 육지와 연결된 진수줄을 자른다. 진수줄을 자를 때는 보통 도끼를 사용한다.

〈취역식〉

진수식이 끝난 배를 정식으로 해군에 등록하여 군함으로 임무를 시작하는 것을 기념하는 의식이다. 진수식이 끝난 뒤에도 해군에서는 배가 잘 만들어졌는지, 사용하기에 이상은 없는지 등 각종 제반 사항을 점검한다. 내부 시설을 재점검하는 것부터 시범 항해에 이르기까지 여러 가지 사항을 오랫동안 꼼꼼히 살펴보아 최종적으로 이상 없음이 확인되어야 배를 정식 해군 세력으로 편입시킨다.

취역식을 하는 배는 그날부터 취역기라고 하는 검은 깃발을 달게 된다. 이 깃발은 해당 함정이 현역으로 충실히 일하고 있다는 것을 상징하며, 배가 주어진 기간 동안 임무를 마치고 퇴역할 때가 되어서야 비로소 내려진다. 취역기와 함께 군함임을 드러내는 국기, 해군기가 함께 달린다.

▲ 경기함의 진수식 / ▼ 김좌진함의 진수식

▲ 홍시욱함의 취역식

〈퇴역식〉

　　현역으로 일하던 함정이 수명이 다하는 등의 이유로 더 이상
임무를 수행할 수 없어 은퇴하게 되었을 때 치르는 의식이다.
앞서 설명한 취역식이 배의 입대 의식과 같다면 퇴역식은 제대
의식과 같다고 볼 수 있다.

　　퇴역식은 배를 퇴역시키기로 결정하여 모든 행정 처리가 끝난
뒤에 진행된다. 퇴역하는 함정의 뒤를 이을 예비 함대가 있다면
함께 참여하여 임무 교대 의식을 치르기도 한다. 취역기와 국기,
해군기가 군악대의 연주에 맞춰 내려지게 된다.

　　퇴역한 군함은 다른 나라에 양도되어 그 나라의 군함으로
쓰이거나 해군 훈련 중에 적을 대체할 목표물로 선정되어 장렬한
최후를 맞기도 한다. 혹은 함상공원에 전시되거나, 일부러 바다에
가라앉혀 수중 생태계에 도움이 되는 인공 어초로 쓰이기도 한다.

함상공원

퇴역한 함정이나 초계기를 전시하여 일반인들이 관람할 수 있도록 전시해둔 공원이다. 일부 전시관은 거대 상륙함이나 구축함 내부를 개조하여 박물관으로 꾸밈으로써 배 안쪽을 구경하면서 해군에 대한 각종 정보를 볼 수 있는 일석이조 효과를 얻을 수 있기도 하다. 해군의 역사부터 복식이나 생활습관을 상세히 살펴볼 수 있으며, 직접 배에 탑승하여 갑판부터 조타실에 이르기까지 이색적인 군함의 공간을 구경해볼 수 있다. 그 밖에 해양 테마 과학관이나 생태계 탐구 활동에 이르기까지 각종 체험 학습을 해볼 수 있기도 하다. 현재 우리나라에서 가볼 만한 함상공원으로는 충남 당진에 있는 당진항만관광공사(구 삽교호함상공원)와 월남전에 참전한 경력이 있는 운봉함이 전시되어 있는 김포함상공원 등이 있다.

*당진항만관광공사

주소: 충청남도 당진시 신평면 삽교천 3길 79 당진항만관광공사(구 삽교호함상공원)

문의전화: 041-363-6960

홈페이지: http://www.sgmp.co.kr/

*김포 함상공원

주소: 경기도 김포시 대곶면 대명항 1로 110-36

문의전화: 031-987-4097

홈페이지: http://www.gimpo-hamsang.co.kr/

군함의 구조

해군 함정들의 각 부위는 다음과 같은 명칭으로 불리고 있다.
물론 때에 따라 명칭이 달라지기도 하고, 쓰임새가 바뀌기도
하지만 대개는 다음과 같은 구분을 따른다.

1. 갑판
배 위쪽에 있는 평평한 바닥을 말한다. 배 앞쪽에 있는 갑판은
함수갑판, 뒤쪽에 있는 갑판은 함미갑판이라고 부른다. 특히
함미갑판은 헬리콥터나 정찰기 등 비행기들이 오르내리는
곳으로 주로 사용된다.

2. 함교
배 앞쪽 갑판 가운데에 높게 솟아 있는 방으로, 배를 조종하는
핵심 시설인 조종실이나 통제실 등이 이곳에 있다.

3. 마스트
돛대의 다른 이름으로, 배의 중심에서 갑판 쪽에 수직으로 세운
기둥 부위를 말한다. 이제는 배를 움직일 때 모터를 사용하기
때문에 더 이상 돛대에 돛을 달지 않는다. 최근의 배들은

▲ 군함의 구조(헬기격납고 없음)

마스트에 안테나나 송·수신기 및 깃발 등을 달아 배를 운항하고
있다.

4. 연돌

배의 굴뚝으로, 자동차의 배기가스관처럼 엔진이 움직이며
발생하는 연기를 내보내는 곳이다.

5. 닻(앵카)

뾰족한 화살표 모양으로 생긴 강철 갈고리로, 바다 밑 땅에
파고들어 배가 물살에 밀려 내려가지 않도록 고정해준다. 보통
뱃머리에 달려 있다가 필요할 때 늘어뜨려 사용한다. 앵카라고도
한다.

6. 헬기격납고

헬리콥터를 들여놓을 수 있는 창고이다. 배와 함께 움직이는
군용 헬기들은 이곳에서 대기하거나 수리를 받는다. 일반적으로
함미갑판 앞에 위치한다.

이지스 시스템(Aegis System)

이지스 시스템이란 미국에서 개발된 종합 무기 시스템을 말한다. 제2차 세계대전이 끝난 뒤 미국은 항공모함전단 등 강력한 수상함대를 만들어 해군력을 증강시켰다. 구소련에서는 이러한 미국의 움직임을 견제하고자 대함 미사일을 장착한 폭격기들을 만들어냈다. 그러자 미국에서는 방공전투기와 종합 방공 시스템을 개발하여 이에 대응했는데, 이때 나온 방공 시스템이 바로 이지스이다. 목표물을 탐지하는 것부터 추적, 조준, 공격을 한 번에 진행시켜 신속하고 정확하게 적의 공격에 대응할 수 있도록 한 방공 시스템이다.

이지스 시스템의 이름은 그리스 신화 속 아테나 여신이 들었던 방패에서 빌려온 것이다. 이 방패에는 영웅 페르세우스가 물리친 괴물 메두사의 머리가 매달려 있다. 메두사는 눈이 마주친 사람을 돌로 변하게 하는 능력이 있었는데, 이 능력은 메두사가 죽은 뒤에도 발휘되어 방패와 눈을 마주한 적군을 돌로 만들었다. 즉, 어떤 공격도 무력화시키는 강한 방어력을 상징하는 방패였다.

2차 세계대전 이전만 해도 해전은 군함의 함포 혹은 잠수함의 어뢰로 서로를 공격하는 것이 일반적이었다. 그러나 2차 세계대전을 거치며 항공 기술이 날로 발전함에 따라 해전의 양상이 조금씩 바뀌게 된다. 항공 기술이 발달하면서 각종 위력적인 무기들을 실은 전투기들이 군함에 미사일 공격을 퍼붓게 된 것이다. 높은 하늘에서 순식간에 떨어져 내리는 미사일에 강철 갑옷을 두른 거대한 군함들은 제대로 된 대응조차 하지 못하고 쓰러져갔다. 상황이 변하자 해군도 이에 발맞춰 미사일 공격에 대응하는 시스템을 조금씩 구축하기 시작했다. 각종 첨단 레이더들이 등장했고, 먼 거리에서 날아오는 적기를 사전에 인식하여 아군에게 정보를 제공했다.

그러나 이 또한 문제가 있었다. 전투기들이 음속을 넘나들 정도로 빠르다 보니 아군에서 각종 정보를 종합하여 방어 지시를 내리는 사이에 이미 공격을 당하고 마는 것이다. 또한 전투기와 미사일이 꼭 한 대만 날아오는 것은 아니어서 여러 곳에서 동시다발적인 공격이 펼쳐지면 아군에서 이것을 일일이 분석하는 데만도 많은 시간이 소요됐다. 상황이 이렇다 보니 빠른 시간 안에 정보를 분석할 수 있는 슈퍼컴퓨터가 필요했고, 각 군함들은 컴퓨터가 분석한 정보들을 빠르게 공유하여 적군의 공격에 대응하기 시작했다. 그러나 아무리 컴퓨터가 빠르게 정보를 분석한다 해도 수많은 폭격기들의 공격에 일일이 사람이 공격 지시를 하는 데는 한계가 있었다. 특히나 정보량이 많아진 현대에서는 더욱 그러했다.

이지스 시스템은 바로 이 점을 보완하고자 만들어진 시스템이다. 목표물을 탐지하는 것부터 탐지한 목표물에 대응 명령을 내리고, 공격을 실시하는 것까지 전 과정이 하나로 통합되어 있는데, 순서를 보자면 다음과 같다.

먼저 위상배열 레이더(SPY시리즈)가 표적을 탐지하고 위치를 추적한다. 그리고 탐지된 결과를 바탕으로 표적이 얼마나 위험한지에 대해 스스로 판단한다. 여기에 아군이 어떻게 대응할 것인지, 그리고 어떤 공격 무기를 사용할 것인지를 지정하며 이와 동시에 유도탄을 발사하여 표적을 요격하기까지 한다. 이 모든 과정을 마친 뒤에는 결과를 다시 분석하여 이어지는 상황에 다시 한 번 대응할 것인지, 그 밖에 다른 것을 수행할 것인지를 결정한다.

시스템은 고정식 위상배열 레이더와 무기통제 컴퓨터, 미사일 발사장치 등으로 구성되어 있는데, 특히 주목할 만한 것은 고정식 위상배열 레이더(AN/SPY시리즈)이다. 이전까지 쓰이던 레이더는 대개 한 방향을 보고 있는 안테나가 360도 회전하며 목표물을 탐색하고, 여기에 목표물이 감지되면 그 방향으로 다시 안테나를 돌려 위치를 추적하곤 했다. 그러다 보니 안테나가 다시 회전해서 돌아올 때까지 시간도 걸리고, 레이더 모양에 따라 빔 형태도 달라지기 때문에 이에 따른 사각지대가 생기기도 했다.

그러나 SPY레이더는 안테나 옆에 함께 달린 수천 개의 소자에서 여러 개의 빔을 쏠 수 있는 형태로 되어 있어서 레이더가 회전하지 않고도 전방위 공간을 탐색할 수 있다. 또한 한 번에 전방위 탐지가 가능하다 보니 목표물을 탐색할 때 다시 레이더를 움직이지 않고도 감지와 동시에 목표물을 추적할 수 있게 됐다.

이지스 시스템의 사정거리는 400~500km에서 길게는 1,000km에 이르며, 최고 200개의 목표물을 동시 추적할 수 있다. 또한 유도탄, 항공기, 함정, 잠수함 등을 아울러 최고 24개까지 동시 대응 및 공격을 펼칠 수 있다고 하니 실로 효율적이면서도 유용한 방어 시스템이라고 할 수 있다. 실제로 이지스 시스템은 기존 전투 체계를 구축하는 데 소요되던 시간을 1/5 이상 단축시키기도 했다.

이지스 시스템은 주로 기동성이 있거나 공격력이 뛰어난 수상함에 장착되는 편이며, 이런 시스템을 갖춘 군함을 이지스함이라 부른다. 현재 세계에서 이지스함을 보유하고 있는 나라는 미국과 스페인, 노르웨이, 일본, 그리고 대한민국으로 총 4개국이다. 그러나 이지스 시스템이 워낙에 고가이다 보니 최근에는 비슷하거나 견줄 만한 다른 시스템들을 개발하여 갖추는 국가들이 늘어나고 있는 추세다.

군함의 운용

　각 함정들은 보통 세 가지 주기를 두고 움직인다. 하나는
함정의 기본 임무인 작전이며, 또 다른 하나는 만일의 상황을
대비한 대기 기간, 마지막 하나는 항해를 마치고 돌아온 뒤 배에
이상이 있는지 점검하는 수리 기간이다. 모든 함정들은 모두 이
주기를 따라 움직이게 되기에 실제로 작전을 수행하는 함정의
비율은 전체의 30% 정도이다. 각 부대는 맡은 임무에 따라
내용이 조금씩 달라지기는 하지만 주로 군함을 중심으로 부대가
편성되고, 인력을 이동시킨다.

　해군 함정들은 대개 함대를 중심으로 움직인다. 우리나라 해군
함대를 크게 살펴보자면 동해를 지키는 1함대, 서해를 지키는
2함대, 남해를 지키는 3함대로 나누어 볼 수 있다. 함대 아래에는
기동전대, 기뢰전대, 상륙전대, 구축함전대 등 다양한 전대가
소속되어 있으며, 각 함정은 기능과 역할에 따라 알맞은 전대에
소속되어 임무를 수행한다.

　함정을 운영할 때, 장교는 함정의 항해와 기관부를 전체적으로
조율하며, 부사관은 함정 안에 있는 각각의 기술적인 부분을
전담한다. 병사들은 대개 부사관의 일을 돕거나 세부적인 업무를
수행한다.

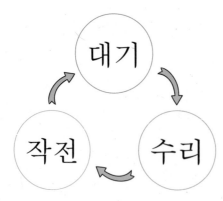

▲ 군함의 운용 방식

▲ 해상에서 다른 전함으로부터 물자를 수급받는 모습이다. 전함과 전함 사이에 줄을 연결하여
물자를 수급 받는다.

▲ 적의 어뢰나 잠수함 등에서 아군을 방어하는 역할을 하는 호위함

국제법상 군함의 지위

A나라의 군함이 바다를 순항하던 중 문제가 생겨 B나라 영해에 잠시 정박해 있다. 이때 A나라의 군함은 어느 나라의 법을 따르게 될까?

국제법상 군함은 소속된 국가의 군사 임무를 수행하는 국가기관으로써 소속된 정부의 권한과 통제를 받게 된다. 그렇기에 군함은 일종의 '움직이는 영토'로서 타국의 영해에서 불가침권과 치외법권을 적용받게 되며 다른 나라의 법에 영향을 받지 않는다. 즉 A나라의 군함은 비록 B나라 영해에 있지만, A나라의 영토와 마찬가지이기 때문에 A나라의 법에 따라 움직이게 된다. 이것은 우리나라 군함들도 마찬가지여서, 대한민국 군함이 다른 나라 해역에 잠시 정박하게 되더라도 해당 군함은 오로지 대한민국 헌법만을 따른다. 또한 소속국가의 영토로서 불가침권이 있기 때문에 군함이 체류하거나 정박하고 있는 국가의 관리라 할지라도 군함장이 동의하지 않으면 함선 안으로 들어갈 수 없다.

그렇다면 A나라 군함 소속 승무원이 B나라에서 범죄를 저질렀다면 어떻게 될까?

군함에 탄 승조원들은 모두 해군이기 때문에 군함과 마찬가지로 재판관할에서 제외된다. 군함 안에서 범죄가 일어났을 때도 군함이 소속된 국가 영토에서 일어난 범죄로 보아 군함 소속국의 처벌을 받는다. 이것은 다른 나라 사람이 군함 안에서 범죄를 저지르게 되어도 마찬가지여서 우선은 군함 소속국가로 인도된다. 그러나 이들이 군함에서 내려 군함이 체류하거나 정박하고 있는 국가에서 범죄를 저질렀을 때는 경우가 조금 달라진다.

우선 승조원이 공무 집행과 상관없이 사적으로 범죄를 저질렀을 때는 함장에게 사실을 통보한 뒤 범인을 체포한다. 이때에는 영토국에서 재판권을 행사할 수 있다. 그러나 공무 집행 중 범죄가 일어났을 때는 함장이 재판권을 포기하지 않는 이상 재판권이 군함에 있으며, 영토국이 범인을 체포할 수는 있지만 다시 군함으로 인도해야 한다. 그리고 이후 범인을 어떻게 처분했는지에 대해서 영토국에 알려야 한다. 위 사례의 경우는 A나라 군함 소속 승조원이 범죄를 저지른 것이 군함 안인지 밖인지, 공무 집행과 연관이 있는지 없는지에 따라 상황이 달라진다.

물론 타 국가의 관할권에서 법적으로 면죄를 받는다고 해서 불법적인 행위를 해도 되는 것은 아니다. 법적인 면제를 받는다는 것은 타 국가의 재판이나 행정관할권에서만 면제되는 것이며, 군함 소속 국가의 법으로 처벌되기 때문이다. 또한 영토국이나 연안국 경찰권에 복종할 의무는 없지만 위생이나 관세 등 행정적인 규칙은 준수해야 하기도 한다.

이렇게 군함을 함부로 처벌할 수 없는 것은 군함이 국가의 위엄을 상징하기 때문이다. 그렇기에 군함에는 반드시 소속된 국가의 국적을 드러내는 외부 표식을 달아야 하며, 무해통항권이 적용되는 '움직이는 영토'로서 국력을 드러내거나 국위선양을 하기 위해 해외를 순양하기도 한다.

Part Three

Get a Job

해군 장교

평가 요소

　장교는 소위 이상의 계급인 군인들을 말한다. 계급에 따라
소위 · 중위 · 대위는 위관급 장교, 소령 · 중령 · 대령은 영관급
장교, 준장 · 소장 · 중장 · 대장은 장관급 장교라고 부른다.
휘하에 부사관과 병사를 두고 명령을 내리며, 위로 지휘관이 있을
경우에는 그를 보좌하여 맡은 바 임무를 수행한다. 전쟁이
벌어지는 등 어떤 상황이 생겼을 때 지휘부에서 작전을 짜거나
전술을 펼치며 휘하에 있는 부하들을 지휘하고, 자신이
지휘하거나 명령을 내린 부하들을 책임진다. 군대를 구성하는
핵심 간부진이자, 참모로서의 역할을 수행하기 때문에 신원이
확실하고 범죄 경력이 없어야 하며, 일정 수준 이상의 학력을
요구하는 편이다.

해군 장교는 맡고 있는 임무의 종류에 따라 항해, 기관, 항공, 정보, 정보통신, 병기, 보급, 시설, 조함, 재정, 정훈, 헌병, 의정 등 총 열세 가지 병과로 나누어져 있다. 또한 각 병과의 특성이 다르기 때문에 인원을 모집할 때도 이에 맞춰 조건이 조금씩 달라지기도 한다. 만약 해군 장교가 되기를 희망하는 사람이 있다면 자신이 어떤 병과에 지원할 것인지, 혹은 자신이 지원하기 좋은 병과는 어떤 것이 있는지 사전에 알아보는 것이 좋다. 각 병과별 상세한 업무 내용은 해군 홈페이지에 가면 더욱 자세히 알아볼 수 있다.

각 군대에서는 여러 가지 방법을 통해 정예 장교를 양성하기 위해 노력하고 있다. 장교가 되는 방법을 간단히 안내해 보자면 다음과 같다. 우선 각 군 휘하에 있는 사관학교(육군사관학교, 해군사관학교, 공군사관학교, 육군3사관학교)를 졸업한 후 장교로서 복무하는 방법이 있다. 다음으로는 일부 대학에 있는 학군사관제도(ROTC)를 통해 학군사관으로 복무하는 방법이 있다. 그 밖에는 일부 대학에 설치되어 있는 군사학과를 나오거나 군에서 실시하는 군 장학생 제도 등을 통해 예비장교 후보생이 되거나, 졸업 후 학사사관으로 지원하는 방법, 국군간호사관학교를 졸업하는 방법 등이 있다. 각 군의 성격이 다르므로 장교 선발 제도를 실시할 때 방법이나 내용이 조금씩 달라지기도 한다. 아래에는 해군 장교가 되는 방법들을 간단히 소개하고 있으니 살펴보도록 하자.

해군사관학교

  해군사관학교는 정예 해군 장교를 양성하기 위해 만들어진
국립대학이다. 3군 사관학교 중 가장 오래된 학교로, 광복
이듬해인 1946년 해방병단을 교육하려고 만들었던 해군병학교가
기원이다. 이후 해안경비대사관학교, 해안경비대학, 해사대학
등으로 이름이 조금씩 바뀌어 오다 1949년에 해군사관학교로
명칭이 바뀌었다. 다른 사관학교와 마찬가지로 정해진
입학시험과 다양한 심사를 거쳐 생도를 선발하며, 총 4년 동안
해군 장교가 되는 데 필요한 교육을 실시한다. 해군사관학교의
입학전형은 크게 우선선발과 정시선발로(종합선발) 나뉜다.
우선선발에는 일반우선 전형, 고교학교장추천 전형,
독립 · 국가유공자 전형, 고른기회 전형, 재외국민자녀 전형으로
총 다섯 가지가 있으며, 보다 자세한 내용을 살펴보자.

  우선선발 전형은 해군사관학교에서 매년 규정한 내용에 따라
실시하는 입학전형이다. 일반 대학과 마찬가지로 고등학교 졸업
예정인 학생들이 지원할 수 있으나, 군인을 양성하는 특수목적
대학이기에 일반 대학의 입시전형을 따르지 않는다. 그렇기에
일반 대학 수시 모집 6회 대상에 포함되지 않고, 다른
사관학교들과 1차 시험 일정이 동일하여 중복해서 응시할 수
없다.

  지원 자격은 대한민국 국적이 있으며, 해군사관학교에서
공시하는 연도 사이에 있는 미혼 남녀이다. 대개 만 17세부터
21세까지의 대학 입학 자격이 있는 남녀 고등학교 졸업 예정자,
졸업자, 검정고시 합격자가 이에 해당된다. 혹은 외국에서 12년
이상 학교 교육을 받았거나, 정규 고등학교 교육과정을 받은 사람
역시 응시할 수 있다. 그 밖에도 자세한 자격 사항이 있으니
궁금한 사람은 해군사관학교에서 제공하는 입학전형을
찾아보도록 하자.

  모집 정원은 매년 해군사관학교에서 공시한다. 남녀 생도 모두
선발하며 각각 문과와 이과로 나누어 선발한다. 이때 남학생은 총

정원의 90%, 여학생은 10%를 선발하니 유념하도록 하자.(2022년
입학 정원은 남자 150명, 여자 20명이다.) 또한 각 남녀 생도
정원에서도 문과와 이과를 선발하는 비율이 다르다. 남학생은
정원 중 문과는 45%, 이과는 55%의 비율로 선발하며, 여학생은
정원 중 문과 60%, 이과 40%의 비율로 선발한다. 입학 경쟁률은
평균 28:1로 2016년 75기 생도 170명 선발하는데 5,003명이
지원해 29.4:1의 높은 경쟁률을 기록했다. 그중 여자 경쟁률은
65.5:1이다.

　종합선발의 경우 2차시험 합격자 중 우선선발 되지 않은
인원을 대상으로 대학수학능력시험 점수를 더해 각기 정해진
비율에 따른 점수를 매겨 이를 최종 합산하여 합격자를 선발한다.

<모집정원의 선발인원>

남자	여자
총 정원의 90% (문과45%+이과55%)	총 정원의 10% (문과60%+이과40%)

1. 1차 시험

　1차 시험은 해군사관학교에서 자체적으로 실시하는 시험이다.
해군사관학교에서 일정이 공시되면 인터넷으로 원서를 접수한
뒤 시험을 치게 된다. 원서접수를 할 때 방문접수나 우편접수는
불가하니 주의하도록 하자.

　시험 과목은 국어, 영어, 수학 세 과목이며 각 과목당 100점씩
총 300점 만점이다. 문과를 지원하느냐 이과를 지원하느냐에
따라 응시하는 과목이 다르다. 문과 지원자는 국어/영어/수학
나형을 응시하며, 이과 지원자는 국어/영어/수학 가형를
응시한다. 그러나 고등학교 때 이수한 계열과 1차 시험 응시
계열이 꼭 같을 필요는 없다. 예를 들어 고등학교에서 문과

계열을 공부했더라도 1차 시험에서 이과 계열 시험에 응시할 수 있다. 다만 1차 시험 때 응시한 계열과 대학수학능력시험 때 응시한 계열은 반드시 같아야 한다. 또한 예체능 및 실업 등 다른 계열이라도 지원할 수 있으나 별도의 계열이 있는 것은 아니므로 반드시 위에 설명된 문과나 이과 중 한 계열을 선택하여 시험을 치러야 한다.

출제 영역은 대학수학능력시험과 비슷한 편이다. 매년 입시요강에 출제 범위가 함께 소개된다. 장소는 해군사관학교에서 지정하는 전국 12개 시험장에서 치러진다. 원서를 접수할 때 본인이 원하는 장소를 선택할 수 있으며, 한 번 시험장을 선택하면 추후 변경이 불가하니 주의하도록 하자. 순서는 국어, 영어, 수학 순서로 진행되며 각각 시험지 배부 시간을 포함하여 60분, 60분, 110분씩 진행된다. 이 내용은 해군사관학교의 사정에 따라 변경될 수 있으며, 해군사관학교 입시요강에 더욱 자세한 정보가 소개되고 있으니 시험을 칠 의향이 있거나 궁금한 점이 있다면 직접 자료를 찾아보도록 하자.

2. 2차 시험
1차 시험에 합격하면 2차 시험을 보게 된다. 시험을 치기에 앞서 해군사관학교에서 요구하는 각종 서류를 제출해야 한다. 제출 서류로는 자신의 신분을 증명할 수 있는 주민등록등본, 가족관계증명서, 신원진술서, 자기소개서 및 학교생활기록부와 봉사활동확인서 등이 있다. 학교생활기록부 역시 항목에 따라 점수를 부여하며, 합산된 점수는 최종 합격자를 선정할 때 반영된다. 더욱 상세한 반영내용은 해군사관학교 입시요강에 자세히 안내되고 있으니 살펴보도록 하자.

서류를 제출한 뒤에는 본격적으로 2차 시험을 보게 된다. 2차 시험은 해군사관학교에서 실시되며 총 3일 동안 진행된다. 첫날은 보통 간단한 설문조사와 인성검사를 실시하며, 이틀째

되는 날 본격적인 시험을 진행한다.(2차 시험 전 AI 면접 시행)

　시험은 면접, 체력검사, 신체검사 세 가지로 이루어져 있다.
가장 먼저 신체검사를 보아 합격과 불합격 여부를 판정하며, 이후
면접과 체력검정을 보아 2차 시험 최종 합격과 불합격 여부를
판정한다. 마지막 날에는 최종 면접을 보게 되며, 모든 과정을
마친 뒤 귀가하게 된다. 신체검사나 체력검정 등 그 자리에서
합격과 불합격이 결정되는 시험에서는 불합격 판정을 받는 즉시
집으로 돌아가게 된다.

3. 신체검사

　신체검사는 먼저 치과, 외과(일반외과/정형외과), 이비인후과,
안과 등 총 8개 부분에서 의료검사를 실시하여 이상 여부를
살펴본다. 큰 흉터가 있거나 심한 수술을 받아 활동하는 데
지장이 있는지 여부를 살펴본다. 큰 흉터가 있거나 심한 수술을
받아 활동하는 데 지장이 있는지 여부 등을 살핀다. 여학생의
경우 산부인과 검사도 함께 받아야 한다. 마찬가지로 상세한
기준은 해군사관학교 입시요강에 안내되어 있다.

　의료검사와 더불어 해군사관학교에서 공지하는 신체기준표에
따라 학생의 신장과 체중이 이에 적합한지를 함께 살핀다.
신체기준표에 따라 1급이나 2급 판정을 받으면 합격이며, 3급은
'사관생도 선발업무 추진위원회'의 결정에 따라 합격과 불합격이
결정된다. 4급 이하는 불합격이다. 신장 합격 기준은 대체적으로
남자는 161cm~195cm까지, 여자는 155cm~183cm까지이다.

4. 면접

　신체검사를 통과한 뒤에는 면접을 본다. 면접은
국가관 · 역사관 · 안보관, 군인기본자세 등 영역별로 나누어져
있으며, 총 400점 만점을 기준으로 합산한다. 형태는 면접관의
질문에 지원자가 대답하는 개별형식과 여러 면접관과 지원자가

▲ 정예 해군 장교 양성을 목표로 하는 특수목적대학 해군사관학교

함께 토의하는 단체 토론이 있다. 그러나 면접 내용이나 방식은
해군사관학교의 사정에 따라 조금씩 달라질 수 있다.

5. 체력검정

　체력검정은 윗몸일으키기, 팔굽혀펴기, 오래달리기
(남자:1,500m/여자:1,200m) 총 세 가지 종목으로 되어 있다. 각
항목에 따라 점수가 부여되며 총점은 100점 만점이다. 총점에서
절반 이하(50점 미만)의 점수를 받거나, 해군사관학교에서
요구하는 일정 기준 이하의 기록을 받게 되면 위원회에서 합격
여부를 심의하여 불합격될 수 있다. 만약 당일에 몸이 좋지
않거나 불가피한 사정으로 검정을 받기 어려운 경우 군의관에게
따로 진료를 받은 뒤 다음 날 체력검정을 받을 수도 있다.
마찬가지로 더욱 상세한 기준은 해군사관학교 입시요강에
안내되어 있으니 참고하도록 하자.

체력검정 등급표

〈일반우선 전형(일반전형)〉

　일반우선 전형은 전체 모집정원 중 34~40% 이내를 선발한다.
원서접수 시 일반우선 전형으로 지원한 사람 또는
고교학교장추천 전형으로 1차 시험에 응시하였다가 1차
시험에서 전환한 사람, 고교학교장추천 전형 2차 시험까지
합격하였으나, 우선 선발되지 않은 사람들이 선발된다.

〈일반우선 전형 배점 기준〉

구분	총점	학생부	1차 시험	2차시험		한국사 가산점	체력 가산점
				면접	체력검정		
점수	1000점	100점	400점	400점	100점	(5)점	(3)점

※ 위 내용은 2022 해군사관학교 입시요강으로 변경 여부에 따라 달라질 수 있습니다.

〈고교학교장추천 전형(일반전형)〉

　고교학교장추천 전형은 해당 학교에서 학교장의 추천을 받은
학생을 대상으로 하며, 전체 모집정원 중 30% 이내로 인원을
선발한다. 학교별 추천 인원은 4명 이내로 제한되어 있다.
　입학 자격은 매년 입학전형에서 공시하는 연도의 졸업 예정자
중 학교장의 추천을 받은 자이며, 그 외 자격은 일반우선 전형과
동일하다. 추천 기준은 보통 해군사관학교에 입학하고 싶은 의지
여부와 충성심, 리더십, 잠재력 등을 보고 있다. 자세한 추천
기준과 추천양식은 해군사관학교 홈페이지에 소개되고 있으니
살펴보도록 하자.
　고교학교장추천 전형을 신청하려면 우선 인터넷으로 원서를
접수하고 서류들을 제출하게 된다. 이때 추천서는 작성한 뒤
해군사관학교에 전자공문으로 발송해야 한다. 추천서는 학교장
추천서, 교사 추천서, 학교생활기록부, 자기소개서 등이 있다.

추천을 받아 선발된 학생은 일반우선 전형과 마찬가지로 1차 시험과 2차 시험을 치른다. 그러나 2차 시험 때 리더십, 공동체의식, 성실성 등을 확인하는 잠재역량평가시험을 함께 본다. 또한 동일하게 1차 시험과 2차 시험을 보지만 전체 채점 기준은 일반전형과 조금 다르다. 또한 1차 선발 및 최종선발에서 불합격할 경우 본인의 희망에 따라 일반전형으로 전환할 수 있다.

〈고교학교장추천 전형 배점 기준〉

| 구분 | 총점 | 학생부 | 1차 시험 | 2차시험 | | | 한국사 가산점 | 체력 가산점 |
				면접	잠재 역량평가	체력 검정		
점수	1000점	100점	200점	400점	200점	100점	(5)점	(3)점

※ 위 내용은 2022 해군사관학교 입시요강으로 변경 여부에 따라 달라질 수 있습니다.

〈재외국민자녀 전형(특별전형)〉

대한민국 국적이 있는 재외국민자녀 중 수학능력이 뛰어난 학생을 대상으로 한다. 전체 모집정원 중 2% 이내로 인원을 선발한다.

입학 자격은 외국에서 고등학교 1학년 생활을 포함하여 3년 이상 학교를 다닌 학생으로 국내외 고등학교 졸업자 혹은 졸업 예정자이다. 그러나 부모와 별도로 학생 혼자 따로 외국에서 공부를 한 경우 대상에서 제외된다.

재외국민자녀 전형을 신청하려면 인터넷으로 원서를 접수한 뒤 지정된 서류를 제출하면 된다. 제출서류는 고등학교 졸업(예정)증명서, 해외에서 수학한 전 과정 성적증명서 및 최종 학교 성적증명서, 주민등록등본과 외국 영주 재외국민 영주권 사본(보호자, 학생 각 1부), 보호자의 재직증명서, 자기소개서, 신원진술서 등 다양하다. 자세한 서류 내용은 마찬가지로 해군사관학교 입시요강에 소개되고 있으니 참고하도록 하자. 또한 신청 학생은 12월에 합격자 발표 후 1월에 진행되는 가입교(기초군사훈련) 생활에 참여할 수 있어야 한다.

서류심사를 통과하면 일반전형과 마찬가지로 1차 시험과 2차 시험을 치게 된다. 이후 두 시험 성적을 종합한 뒤 서열과 심사를 거쳐 최종적으로 인원을 선발한다. 이때에는 일반전형이나 특별전형 학생들과 별개로 재외국민자녀 전형 학생들 사이에서 내용을 비교하여 선발한다. 마찬가지로 별개의 채점 기준을 두고 있다.

〈재외국민자녀 전형 배점 기준〉

구분	총점	학생부	1차 시험	2차시험		한국사 가산점	체력 가산점
				면접	체력검정		
점수	1000점	100점	400점	400점	100점	(5)점	(3)점

※ 위 내용은 2022 해군사관학교 입시요강으로 변경 여부에 따라 달라질 수 있습니다.

〈독립·국가유공자, 고른기회 전형〉

독립유공자의 손자녀 혹은 외손자녀, 국가유공자 자녀, 농·어촌 학생, 저소득계층 학생 중 자질이 뛰어나고 수학능력이 뛰어난 학생을 대상으로 하며, 독립·국가유공자 전형은 2명 이내, 고른기회 전형은 4명 이내로 인원을 선발한다.

일반우선 전형과 마찬가지로 1차 시험과 2차 시험을 치르게 된다.

제출 서류는 일반우선 전형과 동일하며, 여기에 추가로 독립(국가)유공자 자녀임을 증명하는 보훈처 발행 확인원을 제출해야 한다. 자세한 기준과 증명서류 내용은 해군사관학교 입학전형을 살펴보면 된다. 학생을 선발할 때는 성별/계열별 모집정원의 2배수 이내에 든 자 중 심사를 거쳐 선발한다.

〈생도생활〉

해군사관학교 입학시험에 합격하면 우선 5주 정도 가입교 기간을 거친다. 가입교 기간은 민간인에서 군인으로 신분을 전환하여 새로운 생활에 잘 적응할 수 있도록 두는 기간이다. 이 기간에는 신분전환교육 및 군사훈련 등을 실시한다. 이 기간을 잘 보내고 나면 본격적으로 해군사관학교 생활이 시작된다.

1학년 때는 공통 교육과정을 배우며, 해군 사관생도로서 선배들을 존중하며 군인의 기본을 다지는 교육과 훈련을 충실히 받는다. 이때는 사관생도라는 신분에 빠르게 적응하도록 외출이나 외박 등이 제한되는 편이다.

2, 3학년부터는 새로 들어오는 후배들에게 모범을 보이며 더욱 성숙한 사관생도로 성장하게 된다. 이때부터는 본인의 적성과 희망에 따라 본격적으로 자신의 전공을 선택하게 되며, 보다 심도 깊은 교육을 받게 된다. 2학년 이상 학생들은 1학년 신입생들을 교육하는 역할을 맡기도 한다.

4학년이 되면 어엿한 예비장교로서 실력과 지식이 무르익는 시기이다. 이때부터는 그동안 배워온 것들을 정리하며 자신의 본분을 다할 수 있도록 소양을 갖추는 기간이다. 이때는 학생 자치 지휘근무제도를 통해 후배들을 지휘하며 장교로서의 통솔력을 기르고, 리더십을 익히기도 한다. 또한 약 4개월 정도 진행되는 순항훈련을 통해 실무 수행 능력 및 폭넓은 경험을 쌓아 본격적으로 복무에 임할 준비를 하게 된다.

순항훈련을 마친 뒤에는 적성과 희망에 따라 해군과 해병대 중 하나를 지원하게 된다. 이때 해군 지원자는 1년 동안 함상생활을 한 뒤 자신의 적성에 맞춰 알맞은 병과를 선택할 수 있는 반면 해병대 지원자는 순항훈련 직후 본인의 병과를 결정해야 한다.

해군사관생도는 민간인이 아니라 군인이기 때문에 군인 신분에 맞춰 정해진 일과와 내무생활을 한다. 또한 기본적인 대학교육 외에 각종 군사훈련과 실습을 함께 받는다. 그러나

▲ 해군사관학교에서 순항훈련을 위한 출항모습

일과시간 외에는 개인, 혹은 공동으로 다양한 여가시간을 보낼 수
있다. 여가활동은 농구, 노래, 스쿼시, 테니스 등 일반 스포츠부터
해군의 특성에 맞게 수영, 요트, 제트스키, 낚시, 윈드서핑, 조정
등 특별한 해양스포츠를 즐길 수도 있다. 또한 생활 중
군사외교를 목적으로 하는 사관생도 교환학생 등의 제도를 통해
다른 나라에 방문할 기회를 얻기도 한다.

해군사관학교 순항훈련

해군사관학교에서 매년 임관을 앞둔 4학년 생도들에게 실시하는 정기
훈련이다. 순방국을 돌며 국위를 선양하고, 다양한 훈련을 실시하여
사관생도들에게 장교로서의 첫걸음을 내딛을 준비를 하게 한다.

생도들은 함상생활을 직접 겪어보며 함상생활에 필요한 각종 지식과
정보들을 익히게 된다. 물건을 보급하는 것부터 인원 배치, 응급상황
시 대처 요령 등 초급장교로서 해야 할 각종 사항들을 숙지한다. 순항
지역은 동남아 지역부터 미국이나 유럽에 이르기까지 다양하다. 때에
따라서는 세계 일주를 하기도 한다.

▲ 전공 및 교양 과목, 군사학 수업을 비롯하여 각종 군사훈련과 체력단련 등으로
일과를 보내는 해군사관학교의 생도들

〈학과 교육〉

　2012년부터 사관학교들의 통합교육이 실시됨에 따라 1학년
학생들은 지정된 통합교육을 받게 된다. 이후 2학년이 되면
개인의 취향과 적성에 따라 알맞은 전공을 선택하여 보다 심도
깊은 교육을 받는다. 이학/문학/공학 중 한 가지 계열을 선택해
계열 안에 있는 학과를 전공할 수 있으며, 이에 따라 이학사,
문학사, 공학사 중 한 학위를 받을 수 있다. 여기에 사관학교이기
때문에 기본적으로 군사학을 배워 군사학 학위를 함께 받는다.
계열별 전공학과들은 다음과 같다.

〈계열별 전공학과〉

이학사			공학사			문학사		
국방 경영	해양	사이버 과학	전자제어	조선	기계 시스템	외국어	군사 전략	국제 관계

1. 이학사
- 국방경영학과 : 군 조직을 경영하고 관리하는 법을 배운다. 경영의 기본원리부터 군대라는 집단의 특수성을 이해하며 그것에 맞춰 조직을 관리하고 경영하는 법을 배우게 된다.

- 해양학과 : 바다와 연관된 각종 학문들을 배운다. 생물이나 물리 화학 등의 순수과학을 주로 배우는 편이다. 또한 배운 것을 토대로 해군에서 실시하는 다양한 연구나 개발에 참여하기도 한다.

- 사이버과학과 : 컴퓨터 운용 방법 및 알맞은 정보 사용 방법 등 전반적으로 컴퓨터와 관련된 내용들을 배운다. 또한 실제 사용하는 관련 내용들을 함께 배우며, 이를 이용하여 해군에 도움이 되거나 해군에 필요한 사항들을 개발하기도 한다.

2. 공학사
- 전자제어공학과 : 반도체나 디지털 시스템 등 전기 전자공학의 기초부터 소나, 레이더, 함정전기 등 해군에서 쓰이거나 연관되어 있는 각종 컴퓨터 시스템 및 기기에 대해 배운다.

- 기계시스템공학과 : 응용역학과 통신시스템 등 기계공학 전반에 대한 내용을 습득하고 수중무기, 제어 시스템 등 다양한 무기와 전투체계의 원리와 방법 및 알맞은 운용방법, 이와 관련된 각종 공학 등을 배운다.

- 조선공학과 : 열역학이나 동역학 등 기계공학 전반에 대한 내용부터 선박이나 함정, 잠수함 등 해군과 연관된 각종 내용들을 함께 배운다.

3. 문학사
 ■ 외국어학과 : 정예 대양해군에게 필요한 외국어를 배운다.
영어뿐 아니라 제2외국어를 함께 배우기도 한다. 실용회화부터
군에서 통용되는 실무언어 및 영문학 등의 외국어문학에
이르기까지 다양한 분야를 배우게 된다.

 ■ 군사전략학과 : 기술과 환경이 변화할 때마다 군사전략 또한
이에 발맞춰 변화할 수밖에 없다. 군사전략학과에서는 전쟁과
관련된 역사적인 사실부터 전략 이론 등을 배우며, 알맞은
전술과 전략을 수립하는 방법 등 군사전략과 연관된 다양한
내용을 배우게 된다.

 ■ 국제관계학과: 국제법이나 국제정세, 정치외교 등 원활한
국제관계를 유지하는 데 필요한 내용들을 배운다. 마찬가지로
해군과 연관된 국제관계 등을 함께 배운다.

〈졸업 후 진로〉
 졸업 후에는 해군 혹은 해병대 장교(소위)로 임관하여 해군에
복무하게 된다. 의무 복무 기간은 10년이며, 5년이 되는 해에 한
차례 전역 신청을 할 수 있다. 그러나 여기에서도 항공과 관련된
장교들은 복무 기간이 조금 더 긴 편으로, 해군사관학교를
졸업하여 비행 훈련과정을 수료하고 비행 자격을 취득한 장교는
의무 복무 기간이 15년이다. 그러나 여러 가지 사정으로 학교를
퇴교하게 되면 다시 민간인으로 돌아가게 되며, 다시금 병역
의무를 이행해야 한다. 복무를 할 때는 1학년 퇴교자는 수병으로,
2~4학년 퇴교자는 부사관으로 복무하게 된다. 퇴교 후 일정 기간
안에 해군 수병으로 병역을 이행하게 되면 기초군사훈련은
면제된다.

학군사관후보생(ROTC)

학군사관후보생이란 각 대학에 있는 학생군사교육단에서 교육을 받는 사관후보생을 말한다. 대학 재학과 군사교육을 함께 받으며 교육 후에는 장교로서 의무 복무하게 된다. 현재 해군 학생군사교육단이 설치되어 있는 대학교는 한국해양대학교, 부경대학교, 목포해양대학교, 제주대학교 총 네 곳이다. 여기에서 한국해양대학교와 제주대학교는 해병대 학생군사교육단도 함께 운영하고 있다.

해군과 학교에서 규정한 규칙에 따라 성적이 우수한 학생 중에서 지원자를 선발한다. 대개 자격은 해군 학생군사교육단이 설치되어 있는 학교의 학생 중 다음 연도에 2학년이 되는 대한민국 남녀이다(만 18세 이상 22세 미만). 매년 정원은 정해져 있는 편이지만 학교마다 모집인원이 다르며, 여기에서도 성별에 따라 선발인원이 다르다. 특히 해병대 학군사관의 경우 해군에 비해 선발인원이 적은 편이다.

조건은 대학 성적 평점이 4.5학점을 기준으로 2.4점 이상이어야 하며, 재학 중 유급을 했거나 성적 중 F학점이 있을 경우 지원이 불가하다. 그 밖에도 군인사법 10조에 있는 '임용 결격 사유'에 해당되지 않아야 한다. 더욱 자세한 기준은 각 대학에 있는 해군 학사사관 지원 규정에서 알아볼 수 있으며, 학교와 해군의 사정에 따라 내용이 일부 달라질 수 있다.

지원 후에는 수능시험과 대학 성적 등을 검증하며, 필기시험과 체력검정, 면접을 거쳐 최종 합격자를 선발한다. 선발된 뒤에는 대학 재학 중 2년 동안 학업과 함께 군사교육과 훈련을 주기적으로 받게 되며, 졸업 후에는 해군 소위로 임관하여 주어진 기간 동안 의무 복무하게 된다. 졸업 후 복무 기간은 2년이며, 이 기간은 해군의 규정에 따라 달라질 수 있다.

그러나 해군 학군사관후보생은 선택할 수 있는 병과에 제한이 있기도 하다. 만약 해군 학군사관후보생을 지원하고 싶다면 본인이 하고 싶은 병과가 허용되는지 먼저 확인하도록 하자.

해군 학생군사교육단
(ROTC) 설치 대학교

*해군 : 한국해양대학교,
부경대학교, 목포해양대학
교, 제주대학교

*해병대 : 한국해양대학
교, 제주대학교

예비장교후보생

예비장교후보생이란 국내 4년제 대학 재학 중인 학생들을 대상으로 졸업 후에 해군 장교로 복무할 것을 약속하고 졸업까지 군복무와 상관없이 학교생활을 하게 하는 제도이다. 학군사관후보생과 달리 학업에 집중하는 대학 생활 동안에는 따로 군사훈련을 받거나 하지 않으며, 연 1회 정도 방학 기간에 간단한 소집교육만 실시하는 편이다.

지원 자격은 국내 정규 4년제 대학교 1학년부터 3학년까지 재학생으로 만 20세부터 27세까지 대한민국 국적이 있는 남자, 여자이다. 하지만 군복무를 마친 뒤 예비장교후보생 지원을 희망하는 자는 군복무 기간에 따라 만 28세에서 최대 만 30세까지 지원이 가능하다. 그 밖에 군인사법 10조 '임용 결격 사유'에 해당되지 않는 자면 모두 지원할 수 있다. 그러나 일부 성적 제한 및 기타 제한 규정이 있기도 하니 꼼꼼히 살펴보고 지원하도록 하자.

모집하는 병과는 항공조종부터 간호에 이르기까지 다양하나 일부 병과는 특정 계열 학과 학생만 지원이 가능하다. 전체 모집 병과와 병과별 지원 가능한 계열과 학과에 대한 내용은 해군 홈페이지 중 장교모집 안내 페이지에서 자세히 살펴볼 수 있다.

선발 과정은 고등학교 생활기록과 대학교 성적 심사, 필기고사와 실기고사, 면접, 신체검사, 인성검사 등을 거친다. 더욱 자세한 내용과 배점, 신체검사 기준 등은 마찬가지로 해군 홈페이지에 자세히 안내되어 있으니 찾아보도록 하자.

영어 성적 및 일부 외국어(중국어/일본어/러시아어) 시험이나 공인 한자능력평가시험에서 해군에서 제시하는 기준치 이상 점수를 받았거나, 자신이 지원하려 하는 병과에 유리한 자격증이 있을 경우에 항목과 내용에 따라 가산점을 받을 수 있기도 하다.

선발된 뒤에는 졸업할 때까지 학업에 집중하며, 4학년 1학기 무렵에 1회에 한해 소정의 장려금을 받을 수 있다. 금액은 후보생의 등급에 따라 차등 지급된다. 등급기준은 선발시험 때

보았던 성적을 종합하여 결정된다. 또한 도중 대학원에
진학하거나 어학연수 등의 사정으로 입영을 연기해야 할
경우에는 최대 2년까지 심사를 통해 연기를 허용해주고 있다.
편입학 및 여러 사정으로 전공을 변경했을 경우 복무하기로 한
병과와 변경된 학과 내용이 위배되지 않을 경우에는 심사를 거쳐
이를 허용해주기도 한다.

그렇지만 신체문제 등으로 아주 불가피한 경우를 제외하고는
한 번 정한 병과를 바꿀 수는 없다. 이후 졸업하게 되면 해군
장교로 의무 복무하게 되며 복무 기간은 3년(항공조종 병과는
10년)이다. 근무 태도와 성적에 따라 장기 복무를 신청할 수도
있다.

학사사관후보생(학사장교)

해군 학사장교란 4년제 이상 대학을 졸업한 사람에게 일정 기간 이상 군사교육을 실시한 뒤 해군 장교로 복무하게 하는 제도이다.

지원 자격은 만 20세에서 27세 사이의 대한민국 남녀로, 4년제 대학 졸업자 혹은 이와 동등한 학력을 소지한 자이다. 그러나 여자의 경우 임산부는 제외된다. 여기에 군인사법 10조 '임용 결격 사유'에 해당하지 않아야 하며, 이미 군복무를 했을 경우에는 복무 기간에 따라 만 28세에서 최대 만 30세까지 지원 가능하다. 그 밖에 공인회계사 자격증 취득 후 실무 수습 1년을 거쳐 종료 등록을 마쳤을 경우에는 만 29세까지 지원할 수 있다.

또한 영어 성적 및 일부 외국어 성적(중국어/일본어/러시아어) 혹은 공인 한자능력평가시험에서 해군이 제시하는 기준치 이상의 성적을 받았을 경우 혹은 지원하려는 병과와 관련된 자격증이 있을 경우에 가산점을 받을 수 있다. 여기에 5급 공개경쟁시험이나 사법시험 합격자는 필기고사가 면제되며, 우선 선발되기도 한다. 공인회계사의 경우 재정 병과를 지원하게 되면 마찬가지로 필기고사가 면제되고 우선 선발된다.

모집하는 병과는 함정부터 어학요원, 통역요원, 간호장교, 헌병에 이르기까지 다양하며, 각각 1지망, 2지망으로 두 가지 병과를 복수 지원할 수 있다. 그러나 전공한 계열이나 학과에 따라 일부 병과에는 제한이 있기도 하며, 성별에 따라 제한이 있기도 하다.

여기에 대한 자세한 안내나 정보는 마찬가지로 해군 홈페이지 장교모집 안내 페이지에서 상세하게 소개되어 있으니 살펴보도록 하자.

기수별로 모집 일정이 다르며 필기시험과 실기시험, 면접, 신체검사를 거쳐 최종 합격자를 선발한다. 사관후보생(학사장교)으로 선발되면 해군사관학교 장교교육대대에서 약 10주 정도 교육을 받은 뒤 해군 장교로 복무하게 된다. 복무 기간은 3년이다(항공조종 10년). 교수사관의 경우 개인 연구실을 지원받으며, 우수 교수사관의 경우 해외 문화탐방 경비를 지원하기도 한다.

위에서 소개된 내용 외에도 병과나 업무 내용에 따라 해군 장교가 되는 방법들은 다양하다. 예를 들어 국군간호사관학교를 졸업하여 간호장교로 복무하는 것도 한 방법이다. 이 책에서 소개되고 있는 내용들은 보편적으로 통용되는 방법들이니 보다 심도 있고 자세한 정보가 필요하다면 직접 찾아보도록 하자.

대학장학생

해군 대학장학생이란 대학 생활을 하는 동안 등록금을 해군에서 지원해주고, 졸업 후 일정 기간 군사교육을 받은 뒤 해군 소위로 임관하여 의무 복무하는 제도이다. 위에서 소개한 예비장교후보생과 다른 점은 장학금 전액을 지원받으며, 복무 기간이 더 길다는 것이다. 복무 기간은 학생이 장학 신청을 한 학년에 따라 조금씩 달라지는데, 1학년은 7년, 2학년은 6년, 3학년은 5년이다(항공조종 10년, 고정익 13년). 이 기간은 해군의 규정 변동에 따라 달라질 수 있다.

지원 자격은 만 20세에서 27세 사이의 대한민국 남자, 여자로, 국내 정규 4년제 대학교 1학년부터 3학년까지 학생이다. 하지만 군복무를 마친 뒤 대학 생활을 하다 대학장학생을 희망하는 경우에는 군복무 기간에 따라 28세부터 최대 30세까지 지원할 수 있다. 앞서 이야기한 예비장교후보생과 마찬가지로 일부 성적 제한 및 여타 제한 사유가 있으니 꼼꼼히 살펴보고 지원하도록 하자.

선발과정은 필기시험, 실기시험, 면접, 신체검사를 실시하며, 대부분의 병과를 지원할 수 있지만 전공하는 계열이나 학과에 따라 일부 병과는 지원에 제약이 있기도 하다.

더욱 자세한 정보나 안내가 필요하다면 마찬가지로 해군 홈페이지 장교모집 페이지에 상세한 내용이 소개되고 있으니 살펴보자.

〈학사사관후보생 모집 병과 – 일반분야〉

병과	지원 가능 전공학과	병과 업무
함정	· 전 학과 지원 가능 · 임관 후 해 · 육상 작전부대 근무 가능(UDT, SSU)	· 인사, 작전, 교육훈련, 정책업무 관장 · 함정 및 기관장비 획득 · 운용 · 정비, 함정 정비기술 연구개발 · 군수정책 수립 및 집행 · 군사정보 수집 · 분석 · 평가 및 전파 · 해양 · 음향 · 기상정보 분석 및 지원
항공 조종, 전술	· 전 학과 지원 가능	· 항공기 운용, 정비 및 작전임무 수행 · 항공부대, 정책부서 등 다양한 분야 근무
정보통신	· 공학계열(전기 · 전자 · 전파, 컴퓨터 · 통신, 해양, 수중음향, 정보보호)	· 지휘통제체계/정보시스템 관리, 통신망지원 · 서버/네트워크 장비 관리, 소프트웨어 연구 개발, 홈페이지 관리
병기	· 공학계열(전기 · 전자, 컴퓨터 · 통신, 정밀 · 에너지, 기계 · 금속, 소재 · 재료, 화학, 산업, 해양, 로봇, 메카트로닉스, 무기체계) · 자연계열(물리, 화학)	· 전투체계, 유도/수중무기, 함포, 탄약, 화생방 장비/물자 소요 · 저장 · 정비 업무 · 신무기체계 기술검토 및 연구개발/시험평가
보급	· 사회계열(경영 · 경제, 무역 · 유통) · 자연계열(생활과학, 식품, 통계) · 공학계열(소재 · 재료, 산업, 컴퓨터공학)	· 보급 지원계획 및 정책 수립 · 군수품 소요 · 저장 · 분배업무 수행
조함	· 공학계열(기계 · 조선 · 해양 · 전기, 메카트로닉스, 수중음향, 전자, 재료, 무기체계, 로봇, 컴퓨터, 통신, 전파, 산업, 해양)	· 함정설계 · 건조 · 감독 · 기술관리 업무 · 조함 정보체계 구축 및 기술발전 연구
공병	· 공학계열(건축 · 토목, 전기, 기계, 도시, 환경, 소방, 해양)	· 전 · 평시 시설물 유지관리, 보수, 피해복구 등 · 기동 및 건설장비 지원
재정	· 사회계열(경영 · 경제) · 공인회계사(필기시험 면제)	· 예산획득 · 운영 · 집행 · 재정관리 · 국가 디지털회계 시스템 운용
공보정훈	· 인문/사회/교육계열	· 정신교육 및 강의지원, 교육자료 제작 · 홍보기획, 군악연주회 홍보단 공연, 문화예술활동
정보	해양학, 기상학, 수중음향학, 전산학, 정치외교학, 전자공학, 국제관계학, 북한학, 컴퓨터공학, 암호학, 무기체계학, 정보보호, 어학계열	· 정보업무 수행(전투정보, 신호정보, 표적정보 등) · 정보수집 및 분석장비/체계 획득 및 운용
군사경찰	· 인문/사회/공학/자연/교육계열	· 군사법 경찰 업무 및 부대 경계임무 · 군기단속 및 질서유지, 교도업무
의무	· 간호학 · 의약계열/ 보건계열	· 군 병원 등 의무부대의 의료활동 · 해군장병 간호서비스 제공

〈학사사관후보생 모집 병과 – 전문분야〉

병과	모집분야	지원 가능 전공학과	비고
함정	통역요원 (영어)	전 학과 지원 가능	학사학위 이상 소지(예정)자 TOEIC 950점 이상
	해군사관학교 교수사관	영어(영어영문학, 국외 사회인문학), 철학(철학과), 국사(국사학, 역사학), 해양학(지질/지리계열), 수학, 전기전자공학, 기계조선공학, 일반체육(체육계열), 무도(체육계열/태권도 4단 이상), 어학계열(독일어, 러시아어), 심리학, 사이버과학, 군사전략	석사학위 이상 소지(예정)자
정보	정보	지리학, 수중음향학 또는 해양학	학사학위 이상 소지(예정)자
군사경찰	법학	법학	석사학위 이상 소지(예정)자
재정	공인회계사	전 학과 지원 가능 (비고 자격 충족 시)	공인회계사 자격 소지(예정)자
정보통신	정보보호	정보보호, 소프트웨어 공학	학사학위 이상 소지(예정)자 정보보호 · 프로그래밍 관련 자격증 소지자
의무 (의정)	약사/간호사	전 학과 지원 가능 (비고 자격 충족 시)	약사 면허증 소지(예정)자 간호사 면허증 소지(예정)자

〈장교별 지원 가능 성별과 복무 기간〉

종류	해군사관학교	학군사관후보생	예비장교후보생	대학장학생	학사사관후보생
성별	남 · 여	남 · 여	남 · 여	남자	남 · 여
복무기간	10년	2년	3년	5~7년 (학년에 따라 다름)	3년
비고	비행병과 일부(항공조종 등) 복무 기간은 예외				

부사관은 하사 이상부터 원사까지를 포함하는 군 계급으로 장교의 명령에 따르며 휘하의 병사들을 지휘하는 다리 같은 역할을 한다. 군에서 부사관은 대부분 전문적인 기술이 필요한 일들을 담당한다. 예를 들면 정비나 수리 같은 기계를 조작하는 일 등이 있다. 해군이나 공군처럼 상대적으로 전문적인 기술이 필요한 기계들이 많이 쓰이는 군대에는 그만큼 부사관의 숫자가 많은 편이다. 특히 해군은 크고 작은 각종 함정과 항공기 및 지상 및 해상에서 쓰이는 다양한 기계에 이르기까지 전문 장비들을 많이 사용하기에 더욱 부사관의 비율이 높다. 해군에서 부사관이 차지하는 비율은 전체 해군의 40%에 달할 정도이며, 이는 다른 군대에 비해 병사 대비 부사관의 비율이 매우 높은 편이다.

항공기나 잠수함, 특수전투 등 특정한 임무를 수행하는 부대의 경우엔 아예 전체 부대원이 부사관으로 이루어져 있기도 하다.

부사관은 장교와 마찬가지로 국가공무원에 준하는 근무 여건과 함께 각종 수당이 지급된다. 또한 복무 중 다양한 제도를 통해 학사학위를 받거나 맡고 있는 업무와 연관된 여러 자격증을 취득할 수 있기도 하다. 여기에 본인의 희망에 따라 장기복무를 하게 될 경우 특별한 문제가 없는 한 정년을 보장받을 수 있다.

부사관이 되는 방법은 크게 세 가지로 나눌 수 있다. 첫째, 민간인으로서 해군 부사관에 지원하는 방법이 있다. 이 경우에는 만 18세에서 27세 사이에 있으며, 고졸 이상의 학력을 갖추었다면 누구나 지원 가능하다. 둘째, 현역병으로 복무하던 중 대령급 부대장의 추천을 받아 해군 부사관으로 연장 복무하는 경우가 있다. 이는 해군 현역병을 기준으로 하며 육군이나 공군 현역병이 해군 부사관을 지원하는 경우에는 참모총장의 추천이 있어야 한다. 이런 경우 임관일을 기준으로 만 27세를 넘지 않아야 한다. 마지막으로는 전문대학이나 기능대학교 학생이 군 전문대학 장학생 제도를 통해 해군 부사관으로 복무하는 방법이 있다. 군 전문대학 장학생 제도는 앞서 장교가 되는 법에서 간단히 소개했던 군 장학생 제도와 비슷하게 졸업 후 해군 부사관으로 복무하는 것을 전제로 장학금을 받은 뒤 해군 부사관으로 복무하는 제도이다.

이렇게 해군 부사관을 지원하게 되면 8주 정도 교육을 받은 뒤 해군 부사관으로 4년(여자는 3년) 동안 복무하게 된다. 군 전문대학 장학생의 경우에는 기본 복무 기간 4년에 장학금을 받은 기간 만큼 연장 복무하게 된다.

해군 부사관은 상급 부사관인 CPO(Chief Petty Officer)와 하급 부사관(Petty Officer)으로 나누어 볼 수 있다. 해군에서는 '직별'이라고 하여 맡고 있는 일의 성격에 따라 임무를 구분하는데, 이때 각 직별을 책임지는 직별장을 상급 부사관들이

▲ 기계 조작이나 각종 장비 정비 등과 같이 전문적인 기술이 필요한 일들을 담당하고 있는 부사관

맡는다. 직별은 크게 3가지 계열로 구분되는데, 먼저 갑판부터 법무에 이르기까지 다양한 분야로 나누어져 있는 기술/행정 계열과 항공과 관련된 임무를 전문적으로 담당하는 항공 계열, 그리고 기타 계열이 있다.

모집할 때는 연 3~4회 기수별로 모집하는데, 이때 본인이 지원하는 계열에 따라 필요한 서류와 지원서를 제출하면 된다. 1지망과 2지망까지 복수로 지원 가능하지만, 2지망에는 기술/행정 계열이나 항공 계열만 지망할 수 있다.

일반적으로 18세 이상 27세 이하 대한민국 국적이 있는 남녀라면 해군 부사관에 지원할 수 있다. 그러나 임신한 여자는 제약이 있을 수 있으니 유념하도록 하자. 또한 이미 군 복무를 마친 뒤 다시 해군 부사관에 지원하려는 사람의 경우에는 군 복무를 한 기간에 따라 27세에서 최대 30세까지 지원할 수 있다. 그 밖에 장교와 마찬가지로 군인사법 10조에 따라 결격 사유가 없어야 한다.

그러나 계열에 따라 특전부사관(UDT) 및 잠수부사관 등 특수한 임무를 맡는 경우 혹은 조리부사관이나 군악부사관처럼

남다른 실력이 있어야 하는 경우에는 별도의 자격 요건이 따로
필요하기도 하니 유념하도록 하자. 또한 자신이 지원하는 계열과
관련된 자격증이 있거나, 혹은 공인 영어시험에서 우수한 성적을
거두었을 경우에 가산점을 부여하기도 한다. 영어시험의
경우에는 TEPS를 기준으로 환산점수를 적용한다.

그 밖에 국가유공자와 관련된 가산점이 있기도 하다. 여기에
대해 더욱 자세한 정보가 필요하다면 해군 홈페이지에 상세하게
안내되어 있으니 참고하도록 하자. 서류 전형을 통과하고 나면
영어와 국사, 간부선발도구시험 등의 필기시험이 있는 1차
시험과 면접 및 신체검사가 있는 2차 시험을 보게 된다. UDT나
SSU 등 특전부사관 및 군악부사관은 별도의 실기 시험을
치르기도 한다. 또한 항공 계열 부사관이나 잠수부사관 등 별도의
신체조건이 요구되는 직별의 경우에는 공중근무자 신체검사
혹은 수중근무자 신체검사를 별도로 실시하기도 한다. 여기에
계열이나 직별에 따라 지원 가능한 성별이 달라지기도 하니
유념하도록 하자.

2차 시험을 모두 마치고 최종 합격하게 되면 해군
군사교육사령부에서 최종적으로 체력검정을 실시한다. 이때
통과하지 못하면 퇴교될 수도 있다.

〈일반전형 평가 항목 및 배점〉

구분		계	필기고사	면접	실기	신체/인성검사
배점	기술 · 행정/항공 기타(의무, 운전, 조리) 계열	170점	130점	40점	–	합/불
	특전/잠수	270점	130점	40점	100점	합/불

〈부사관의 계열과 직별〉

계열	분과 직별	지원 자격
기술/행정 (항해, 기관, 전투체계, 통신/전자, 기능, 행정)	갑판/조타/전탐/행정/공보정훈/ 법무/군사경찰/무장/사통/음탐/ 정보통신/전자/전자전/전기/ 추기/보수/정보/공병/보급/ 재정/통정	· 고졸 이상 학력이면 누구나 지원 가능
항공	항공조작/통제/전자/무장/장비/ 기관/기체	· 고졸 이상 학력이면 누구나 지원 가능
기타	의무	· 보건계열 학과(의무행정, 응급구조, 의무기록, 간호학, 약학, 치과기공, 치과위생, 임상병리, 방사선, 물리치료, 한의학, 안경광학) 수료 및 재학생 · 보건 관련 자격증(방사선과, 임상병리사, 물리치료사, 치과기공사, 치과위생사, 응급구조사, 간호조무사) 소지자 · 보건 관련 분야(일반병/의원, 치과병/의원, 치과기공소, 안경제작업소, 일반 공공 보건 의료기관, 공공 또는 일반 인명구조센타)에서 1년 이상 근무 경험자
	조리	· 식품영양학 등 관련학과 수료 및 재학생 · 한식조리사, 양식조리사, 중식조리사, 일식조리사, 특수조리사 등 관련자격증 소지자
	수송	· 자동차정비, 자동차검사, 중기정비, 판금, 제관, 지게차, 중기검사, 건설기계정비, 불도저, 기중기, 굴삭기, 공기압축, 1종보통 운전면허 이상 등 관련자격증 소지자
	군악	· 연주경력 2년 이상자 ※ 별도 실기 평가 후 선발
	UDT / SSU	· 신장 160cm 이상 190cm 이하, 체중 65kg~96kg, · 나안시력 0.5 이상 신체 강건한 자(색약/색맹제외) · 평영 및 자유형 200m 이상 가능한 자 ※ 특수신검 및 체력평가 후 선발

전문대학장학생

전문대학장학생은 국내 전문대학 혹은 기능대학 학생을 대상으로 해군에서 장학금을 지급하여 군 복무에 유념하지 않고 학업에 전념한 뒤, 졸업 후 해군 부사관으로 임관하여 복무하는 제도를 말한다. 이때 복무 기간은 부사관 의무 복무 기간 4년에 장학금 수혜 기간을 합친 기간 동안 근무하게 된다(의무 계열은 6년).

지원 자격은 임관일 기준 만 18세에서 27세까지의 대한민국 국적의 남자로, 국내 전문대학 혹은 기능대학에 재학 중인 1·2학년 재학생이다. 이미 군 복무를 마친 예비역의 경우에는 이전 군 복무 기간에 따라 최대 30세까지 연장할 수 있다. 또한 학과에 따라 지원 가능한 직별이 달라지기도 한다. 예를 들면 의무 직별의 경우 3년제 전문대학 임상병리, 방사선과 1·2학년 재학생만 가능하다. 더욱 자세한 연령과 계열은 해군 홈페이지에 상세하게 안내되어 있으니 참고하도록 하자.

해군에서 군 전문대학 장학생 모집 공고를 내면 기간에 맞춰 지원서를 접수한 뒤 필기고사와 면접, 신체검사, 인성검사 등을 보아 최종 선발될 수 있다. 일부 영어 성적 우수자 및 국가유공자 혹은 관련 자격증 보유자는 마찬가지로 가산점을 받을 수 있다. 또한 지원 학년에 따라 선발 종류가 달라지기도 한다. 1학년의 경우에는 사전선발이라고 하여 미리 지원한 뒤 다음 해 2학년이 되었을 때 확정선발에 지원하여 필기시험을 면제받을 수 있다.

군사학과/협약대학

군대와 군사 관련 내용을 가르치는 학과이다. 학생들에게 장교나 부사관에게 필요한 내용을 가르쳐 졸업 후 군 장교 혹은 부사관으로 임관할 수 있도록 하는 학과이다. 군에서는 대학들과 협약을 하여 해당 학과 학생들에게 군 장학생이 될 수 있도록 해주고 장학금을 지급한다. 이후 학생들은 군 장학생 제도에 따라 졸업 후 장교 혹은 부사관으로서 군에서 의무 복무하게 된다.

입학 방법은 일반 대학 입시와 마찬가지로 수시와 정시를 통해 지원할 수 있으며, 각 학교별 입학 사정에 따라 추가 혜택이 있거나 내용이 조금 달라지기도 한다.

해군 역시 마찬가지로 일부 대학들과 협약을 맺고 군사학과를 운영하고 있으며, 일부 학과들은 해군 운영에 꼭 필요한 기관이나 기계들에 대해 전문적으로 가르치며 아예 해군에 꼭 필요한 인재를 양성하는 곳도 있다.

〈해군 군사학과가 개설된 대학〉

졸업 후 장교 임관	세종대학교 국방시스템공학과, 충남대학교 해양안보학과, 한양대학교 국방정보공학과, 단국대학교 해병대 군사학과(해병대)
졸업 후 부사관 임관	한국관광대학교 군사과, 장안대학교 부사관과, 국제대학교 군사학과, 동주대 부사관과, 강릉영동대학교 군사학과, 군장대학교 국방기술부사관과(함정기관), 계명문화대학교 군사학부(해군항공전공), 대덕대학교 국방해양부사관과, 마산대학교 해군부사관학부(함정기관과, 함정무기과, 함정운용과, 해병대부사관과), 영진전문대학교 의무부사관전공 · 국방전자통신전공, 오산대학교 기술행정부사관과, 제주관광대학교 해군기술부사관과(함정기관/전자), 창원문성대학교 항공기술부사관전공, 인하공업전문대학교 해군기술부사관전공

※ 위 내용은 각 대학의 모집 내용 변경에 따라 달라질 수 있습니다.

군 복무 정년과 연봉

연봉은 해군 부사관이 평균 2,500만 원 정도이며, 복무 일수나 호봉에 따라 차등 책정된다. 해군 장교는 2,500만 원에서 3,500만 원 정도이며 마찬가지로 복무 일수나 호봉에 따라 달라진다. 그러나 이는 보편적인 기준에서 평균 수치를 추산한 것이며, 담당하고 있는 업무에 따라 급여가 달라진다. 자세한 사항은 '나의직업 군인(육군)'편을 참고하거나, 국방부에서 제공하는 자료를 찾아보기를 바란다.

연령 정년	근속 정년	계급 정년
· 원수: 종신(終身) · 대장: 63세 · 중장: 61세 · 소장: 59세 · 준장: 58세 · 대령: 56세 · 중령: 53세 · 소령: 45세 · 대위, 중위, 소위 : 43세 · 준위: 55세 · 원사: 55세 · 상사: 53세 · 중사: 45세 · 하사: 40세	· 대령: 35년 · 중령: 32년 · 소령: 24년 · 대위, 중위, 소위 : 15년 · 준위: 32년	· 중장: 4년 · 소장: 6년 · 준장: 6년

    해군 병사는 수병이라고 부른다. 지원할 수 있는 종류는
일반기술/전문기술(특기) 계열, 특전, 동반입대, 군악, 문화홍보,
통번역, 어학, 전문정보, 바둑지도, 군종, 정보보호,
신기술융합연구, S/W개발, 전문의무, 미디어, 위생관리로
나누어진다.(모집분야는 매년 바뀔 수 있음) 현역병 입영 대상자인
대한민국 남성으로 일정한 신체등급 조건을 충족시키면 대부분
지원할 수 있지만 특전, 심해잠수 등 특정한 임무가 주어지는
계열에서는 별도의 신체조건 및 체력조건이 주어지기도 한다.
또한 기술 계열의 경우 해당 분야와 관련된 자격증이 있거나 해당
분야 전공자를 선발하기도 하므로 자신이 지원하는 계열에 대한
정보를 상세히 알아보아야 한다. 또한 주의할 점은 의무병 등

일부 병과의 경우 해병대에서 근무할 수도 있다는 점이다. 이는 해병대에서 의무병을 따로 뽑지 않고 해군 의무병 인원의 일부를 차출해서 복무하게 하기 때문이다. 의무병 외에도 해군에서 차출해오는 병과가 더 있으나 대개 부사관이나 장교를 차출하는 편이다.

지원 방식은 인터넷으로 병무청 홈페이지에 들어가 지원서를 작성하며, 서류전형을 통과하면 면접과 신체검사 및 범죄경력 조회를 거쳐 최종 선발한다. 합격자를 선발할 때 공인 영어 성적 및 일부 외국어(일본어, 중국어, 러시아어, 불어, 독일어, 서반아어) 성적 우수자는 가산점을 받을 수 있다. 또한 특전 계열이나 심해잠수 계열의 경우 별도의 체력검정 및 수영검정을 실시한다. 그 밖에 자세한 가산 내역이나 신체/체력검정기준 등에 대한 정보들은 병무청 홈페이지에서 상세히 안내되고 있으니 참고하도록 하자. 복무 기간은 현재 20개월로 육군 복무기간인 18개월 보다 2개월 길다.

〈일반/전문기술 계열별 수행 업무〉

모집계열	관련 병종	군입대 후 수행하는 업무
화학	화학	· 화생방 물자 관리 및 소화방수 업무
수송	일반, 대형, 중장비	· 차량 · 중장비 운용 및 관리
건축/토목	시설, 환경	· 군 관련 시설물의 유지 · 관리 및 보수
기관	보수, 가스터빈, 내연, 보일러	· 함정의 기관 및 육상 보일러 · 발전기 운용, 정비, 수리 업무
전기	전기	· 전동기, 발전기, 배전반 및 변압기 등을 운용 유지, 수리 업무 · 조명등 및 건물 내부 배선 등을 정비
항공	항공, 항공조작	· 해군의 다양한 항공기 기종에 대한 정비 업무
전산	전산	· 전산실에 설치된 전산기 및 전산기 주변장치 운용, 정비 · 수리 업무 · 한글 속기병 별도 모집(1명) ⇒ 별도 공고 (해군본부 소요제기시)
조리	조리	· 식당에서 요리 및 식료품 등 관리 업무
통신	통신	· 해군 작전의 원활한 통신을 보장하기 위한 통신지원을 기본적으로 수행하며, 이를 위해 통신장비, 컴퓨터, 위성통신, 전신타자기 운용
전자	전자, 전공	· 유 · 무선 통신장비 및 시설에 대한 관리, 운용, 정비 임무. · 전자전 장비 운용
의무	의무	· 군의관의 조수로서 각종 부상에 대한 예방과 치료 및 장병의 신체검사를 보좌

〈특전 계열 지원 자격〉

연령	· 지원서 접수년도 기준 18세 이상 28세 이하인 자
학력	· 중졸 또는 동등 이상의 학력 소지자
신체	· 신체등위 1 · 3급 현역입영대상자 　※ 단, 징병신체검사 미실시 접수자는 현역병지원 신체검사 별도 실시 　　　(수험표 출력 시 신체검사 일자 및 장소가 표시됨) · 신장 165㎝ 이상, 체중 65㎏ 이상, 나안시력 0.5 이상 신체 강건한 자 　(색약/색맹 제외) · 수영 200m 이상 가능한 자 · 특수신체검사 및 체력평가(체력검정/수영검정) 후 적격자에 한하여 　선발

※ 위 내용은 병무청 해군 모집내용 변경 여부에 따라 달라질 수 있습니다.

※ 심해잠수계열(SSU)의 경우 특전계열 지원자격과 내용이 동일하나,
나안시력 기준이 0.3 이상인 것만 차이가 있습니다.

해군의 장단점 비교

해군의 장점으로는 타 군에 비해 식사가 괜찮게 나온다는 점이 있다. 이것은 폐쇄적이라고 할 수 있는 함상에서 오랫동안 생활해야 하는 장병들의 환경을 생각하여 특별히 타 군에 비해 조금 더 맛있는 음식을 먹을 수 있도록 배려해주었기 때문이다. 물론 육상에서 근무하는 해군의 경우에는 타 군대와 식사에서 차이가 없지만 해상 근무를 하는 해군의 경우에는 육상 근무자에 비해 식비가 1.5배 정도 높게 책정되어 있다.

또한 일반 병사의 경우 비교적 외박을 자주 나갈 수 있다는 장점도 있다. 물론 함정 근무를 할 때는 정기 외박이나 외출이 제한되지만 이러한 경우가 아니라면 상황이 허락하는 하에 잦은 외박을 나갈 수 있다. 그러나 그만큼 일반 병사의 복무 기간은 긴 편이니 이것 또한 참고하도록 하자. 여기에 함상생활을 할 경우 뱃멀미 등의 질병이나 폐쇄적인 생활환경 등도 고려해야 한다. 만약 해군이 되고 싶어 하는 사람이 있다면 이러한 장단점을 잘 알아보고 어떤 것이 본인에게 알맞고, 알맞지 않은지 신중히 비교해보고 선택하도록 하자.

▲ 함상에서의 사격 훈련 모습 / ▼ 수영 훈련 모습

Part Four

Reference

해병대

　해군에 소속되어 상륙작전을 주로 담당하는 전략기동부대이다.
그러나 맡고 있는 임무가 조금씩 다르기 때문에 상세한 조직
구성이나 병력은 해군과 별도로 운영된다. 최고 담당자는 해군
사령관이며 해군 참모총장에게서 권한을 위임받아 해병대를
지휘한다.

　상륙작전은 대개 적의 후방이나 예상치 못한 곳에 병력을
투입하여 아군에게 유리한 거점을 확보하기 위해 벌어진다. 즉
상륙군이 투입되는 장소는 적에게는 안전할지 모르나
상륙군에게는 적진 한가운데와 같다. 또한 일단 작전을 시작하여
병력을 투입한 이상 승리하지 못하면 아군의 계획이 틀어져
버리기에 죽음을 각오하고서라도 반드시 승리해야 한다. 기를

쓰고 거점을 확보했다 한들 전세가 좋지 못하면 금세 차지했던 곳을 다시 적에게 빼앗길 수도 있다. 즉 상륙작전이 시작되면 언제나 치열한 전투가 벌어질 수밖에 없기 때문에 일반적인 돌격작전보다 난이도가 높은 편이다. 그렇기에 상륙작전을 주 임무로 하는 해병대는 작전을 성공리에 완수할 수 있도록 조금 더 강한 훈련을 하며 기강을 잡는 편이다. 해병대 복식의 특징을 꼽자면 팔각모와 붉은 명찰을 들 수 있다.

　해병대가 되는 방법은 앞서 해군이 되는 방법을 소개할 때 함께 다루기도 하였으므로 여기에서는 간단히 소개하고 지나가려 한다.

　해병대는 해군 소속이기에 해군과 동일하거나 비슷한 방식으로 장교를 양성한다. 대개 해군 장교나 부사관을 지원한 뒤 추후 희망 병과를 선택할 때 해병대를 지망하여 이전하는 경우가 많다. 장교의 경우 해군과 동일하게 대학을 졸업한 사람이 지원하는 학사사관, 군 장학생, ROTC, 군사학과 제도 등이 있다. 해군사관학교를 나오게 되면 희망 병과를 정할 때 해병대를 지원할 수 있다. 부사관 역시 일반 부사관 지원 혹은 군 전문대학 장학생 제도가 있으며 자세한 내용은 앞서 해군 부사관 편에서 설명했던 것과 비슷하다. 대부분의 모집 내용 및 일정은 해군 홈페이지를 통해 살펴볼 수 있으며, 해병대 홈페이지에서도 동일한 내용을 살펴볼 수 있다. 다만 군사학과 및 협약대학의 경우 해군과 조금 다르다. 해병대와 협약을 맺은 대학의 목록은 다음 표와 같다.

▲ 해군 소속으로 상륙작전을 주로 담당하는 전략기동부대인 해병대

〈해병대 협약대학〉

장교 군사학과	단국대학교 해병대군사학과, 경운대학교 군사학과, 서경대학교 군사학과
부사관학과	경남정보대학교 전문사관과, 순천청암대학교 전문사관과, 신성대학교 전문사관과, 영남이공대학교 국방사이버전공, 충북보건과학대학교 부사관과, 포항대학교 군사항공계열, 대전과학기술대학교 군사과, 대구과학대학교 전문사관과, 대덕대학교 해양기술부사관과, 대경대학교 군사학과, 여주대학교 특전부사관과
능력계발 교육활성화 (학술교류/ 홍보, 학비 감면)	동국대학교, 수원대학교, 아주대학교, 위덕대학교, 한세대학교, 김포대학교, 대구과학대학교, 선린대학교, 포항대학교, 장안대학교, 동서울대학교, 한국산업기술대학교

※ 위 내용은 해병대와 대학 사이 협약 내용이 개정될 경우 달라질 수 있습니다.

병사로 해병대를 지원할 경우에는 다른 군대와 마찬가지로
병무청 모병센터에서 자세한 방법을 알아본 뒤 지원할 수 있다.
해병대의 경우 일반 기술병과 병사로 복무 중 내용이 변경되는
유급지원병 두 가지 형태로 지원할 수 있다.

해병대에서 요구하는 서류와 지원서를 제출한 뒤 서류전형,
면접, 체력검사, 신체검사, 범죄경력 조회 등을 거쳐 최종 인원을
선발한다. 선발된 뒤에는 1주일 정도 가입교 기간을 둔 뒤 6주
동안 기초군사훈련을 받고 군에 복무하게 된다. 자세한 모집
안내나 지원 방법은 병무청 홈페이지를 참고하도록 하자.

〈해병대 장교 부사관 지원 방법〉

장교	부사관
학사장교(사관후보생) 예비장교 후보생 군 대학 장학생 일반 ROTC 전환(전국대학) 해병대 ROTC(제주대학교, 해양대학교) 단국대 군사학과	군 전문대학 장학생 일반 부사관 지원 여군 부사관 지원

<해병대 일반기술병 계열별 지원 자격>

모집계열	관련 병종	지원 자격
일반	보병, 박격포, 대전차화기, 정보, 야포, 계산, 측지, 대공포, 자주포조종, 전차승무, 상장승무, 병참정비, 보급, 헌병	· 자격/면허, 전공 관련 없이 지원 가능
수색	수색	· 신장 165~195cm, 체중 60~120kg · 나안시력: 0.8 이상(색약 제외) · 수영능력 200m 이상 가능자
화학	화생방전	· 자격/면허, 전공 관련 없이 지원 가능 ※ 관련자격증 소지자 가산점 부여 및 우대
공병	전투공병, 시설공병, 환경시설관리, 장비	· 자격/면허, 전공 관련 없이 지원 가능 ※ 관련자격증 소지자 가산점 부여 및 우대
무기정비	자주포정비, 전차정비, 상장정비, 기계공작, 총기수리, 화생방장비/물자수리, 화포수리, 전자/광학병기수리, 탄약관리, 탄약검사/정비, 탄약처리, 전차수리, 자주포/장갑차수리, 상장수리, 대공무기수리, 대전차무기수리, 차량정비	· 자격/면허, 전공 관련 없이 지원 가능
정보통신	유/무선, 체계운용, 통기, 레이더, 전산	· 자격/면허, 전공 관련 없이 지원 가능 ※ 관련자격증 소지자 가산점 부여 및 우대
조리	조리	· 자격/면허, 전공 관련 없이 지원 가능 ※ 관련자격증 소지자 가산점 부여 및 우대
수송	차량운전, 정비	· 자동차 정비 관련 기술자격증 또는 1종보통 운전면허 이상 소지자
군악	군악	· 군악 관련 특기자(별도 실기평가 후 선발)

항공모함은 비행기를 태우고 다니며 때에 따라 비행기를
내보내기도 하고, 이를 정비하거나 통제할 수 있는 배로 움직일
수 있는 작은 비행장과 같다. 항공모함들은 대부분 위쪽을 일부분
평평하게 만들어 비행기가 드나들 수 있는 활주로나 격납고로
사용하며, 항공기들이 배에서 잘 활동할 있도록 배를 움직이는 데
필요한 각종 시설들을 한쪽에 치우쳐 두도록 설계되어 있다. 여러
대의 비행기를 보관함과 동시에 이 비행기들이 이륙할 수 있을
만큼 거리가 확보되어야 하기 때문에 대개 활주로의 길이만큼
너비와 길이가 긴 편이다.

여기에 군함 운용에 필요한 각종 장치와 설비, 또한 이를
운용할 사람과 사람들에게 필요한 시설, 마찬가지로 항공기

운용에 필요한 여러 장치와 설비 및 인력과 인력 운용에 쓰이는 시설, 각종 군수품과 물자 등 어마어마한 규모의 인원과 기계가 들어가다 보니 움직이는 소도시와 같기도 할 정도이다. 그렇기에 때에 따라 항공모함 안에는 인력이나 물건을 실어 나르는 버스나 자동차 등이 있는 경우도 있다.

파괴력 있는 전투기들을 가득 태우고, 언제든 폭격을 퍼부을 수 있는데다, 폭격뿐 아니라 적 진영 정찰이나 각종 작전이 가능하다 보니 항공모함 한 척이 움직인다는 소식만으로도 주변 국가들은 신경을 곤두세울 수밖에 없다.

항공모함의 역사는 비행기의 발명과 함께 시작됐다. 비행기가 막 발명되어 활용되던 1차 세계대전 당시 사람들은 적 진영을 정찰할 목적으로 군함에 비행기를 태우고 다닐 생각을 했다. 그리고 이를 위해 덩치가 큰 군함이나 상선들에 임시로 갑판을 만들어 비행기가 드나들 수 있도록 하는 시도를 하기도 했다.

그러나 기술이 발전하여 단순 정찰뿐 아니라 공격이 가능한 비행기들이 만들어짐에 따라 다양한 목적으로 비행기를 사용하기 위해 항공모함 또한 개조에 들어갔다. 미국, 일본, 영국 등지의 국가에서 먼저 항공모함을 만들기 시작했으며, 이후 다른 나라에서도 항공모함 건조에 착수했다.

특히 미국에서 항공모함에 대한 연구와 생산이 활발하게 진행되었다. 2차 세계대전 당시 미국은 적 군함이나 지상에 있는 적들을 공격하기 위한 공격형 항공모함과 잠수함을 전문적으로 상대하는 대잠형 항공모함으로 나누어 각기 따로 사용했다. 당시에는 항공기들도 각기 목적에 따라 역할을 구분하여 사용하는 추세이기도 했다. 그러나 이후 기술이 더욱 발전하여 한 대의 기종으로 다양한 역할을 할 수 있게 됨에 따라 이러한 역할 구분 방식은 점차 지양되고, 다목적 다기능 항공모함이 사용되기 시작했다.

또한 초기 항공모함들은 비행기 탑재뿐 아니라 자체적으로도

▲ 미국의 USS PHILLIPPINE SEA 항공모함으로 1953년 대한민국 근처 영해에서 작전중인 모습

막강한 공격 능력이 있어야 한다고 여겨졌다. 그러다 보니 비행기 탑재 및 이·출격에 필요한 시설과 항공모함의 공격 무기들이 한꺼번에 들어서며 지나치게 자리를 많이 차지하는 등의 문제가 일어났다.

그러나 이 문제는 항공모함이 자체적인 공격 무기를 갖추는 것보다는 이동식 비행장의 역할에 충실하고, 대신 공격력이 뛰어난 다른 군함들이 항공모함을 철저하게 지켜 함대를 꾸리는 방식으로 변경됨에 따라 점차 해결됐다. 오늘날의 항공모함들은 꼭 필요한 최소한의 무장만을 장착하고 있으며, 그 나라에서 가장 강력한 군함들과 심지어는 핵잠수함들까지 내세워 몇 겹으로 에워싸는 방식으로 운용되고 있다. 물론 항상 그런 것은 아니며 예외적으로 여전히 강력한 무장을 갖춘 항공모함들도 존재하기는 한다. 대표적인 예는 러시아 항공모함들이다.

그러나 이런 항공모함 한 척을 건조하는 것은 꽤나 많은 비용이 들어갈뿐더러, 공들여 건조하거나 혹은 구매한다고 하더라도 유지 비용 또한 만만치가 않다. 여기에는 항공모함에 탑재되는 항공기의 비용이나 그 유지비도 포함되기 때문에 대개 상상을

▲ 미국의 USS DWIGHT D. EISENHOWER 항공모함. 니미츠급 핵추진 항공모함 중 두 번째 항공모함이다.

초월하는 비용이 소모되곤 한다. 그러다 보니 전 세계에서
항공모함 및 항공모함 함대를 보유하고 있는 국가는 손에 꼽을
정도이며, 그마저도 한 자리 수에 그치는 경우가 많다. 혹은
항공모함을 보유하는 대신 그 예산으로 다른 강력한 군함들을
보유하기도 한다.

또한 항공모함은 이동 비행장의 역할을 기본으로 하여
항공기를 운용하는 군함이기 때문에 기존 해전과 다른 새로운
방식으로 전술을 펼친다. 따라서 기존의 방식과는 달리
항공모함에 맞춰서 함대 배치를 달리하거나 하는 등의
수고로움을 감내해야 한다. 그렇게 되면 그만큼 인력이나 시간 및
재정적인 소모가 크기 때문에, 항공모함을 쓰지 않고 다른
방법으로 해군력을 키우는 국가도 많은 편이다.

그러나 미국의 경우 예외적으로 전 세계 항공모함 중 2/3
이상을 차지할 만큼 수많은 항공모함을 보유하고 있으며, 그만큼
항공모함을 필두로 한 함대의 수도 많다. 실제로 미국의 해군력은
자타공인 세계 1위를 자랑할 만큼 강력하기도 하다. 이들은
대서양을 지키는 대서양함대, 태평양을 지키는 태평양함대 등

▲ 대한민국 경항공모함이라고 부르는 독도함

대양별로 여러 대의 함대를 나누어 세계 바다를 호위하기도 한다.
우리나라의 경우 서태평양을 지키는 미 해군 제7함대와 연관이
많다. 미 해군 전력과 보유한 항공모함에 대해서는 따로 지면을
할애하여 다뤄야 할 만큼 내용이 방대하기에 이와 관련된 내용은
직접 정보를 찾아보는 것을 권장한다.

　우리나라 역시 따로 항공모함을 보유하지는 않았지만
항공모함을 들이고자 하는 시도는 오래 전부터 있어 왔다. 다른
나라에서 분해한 항공모함을 들여와 연구하기도 하고, 독자적인
항공모함 건조 기술을 확보하려는 시도를 하기도 했다. 아직
어엿한 항공모함을 갖추지는 않았지만 헬리콥터가 드나들 수
있도록 한 대한민국의 강습상륙함 독도함의 경우
경항공모함이라고 부를 수도 있을 정도이며, 이를 기반으로 더욱
폭넓은 시도를 하기 위해 노력하고 있다.

행복한 직업 찾기
나의 직업 군인(해군)

초판 1쇄 인쇄 2017년 2월 10일

개정판 1쇄 인쇄 2021년 11월 20일
개정판 1쇄 발행 2021년 11월 25일

글 | 꿈디자인LAB
펴 낸 곳 | 동천출판
사   진 | 대한민국 해군(해군본부), 대한민국 국군 flickr,
              Pixabay, shutterstock,

등   록 | 2013년 4월 9일 제319-2013-25호.
주   소 | 서울특별시 서초구 효령로 60길 15(서초동, 202호)
전화번호 | (02) 588 - 8485
팩   스 | (02) 583 - 8480
전자우편 | dongcheon35@naver.com

값 18,000원
ISBN   979-11-85488-64-6 (44370)
              979-11-85488-05-9 (세트)

*잘못 만들어진 책은 구입하신 서점에서 바꿔 드립니다.